幻の弦楽器 ヴィオラ・アルタを追い求めて

平野真敏

河出書房新社

序にかえて——世にも不思議な楽器ミステリー

黒川伊保子

ひとりの音楽家が逝った。彼だけが知る「音楽の真実」を一つ、胸に抱いたまま。

彼は、この世にたった一つだけ残った「幻の楽器」に出逢ったのである。

彼がこの楽器の存在をインターネットに発表したとき、「世界で唯一の現存オリジナル」と言われ、ヨーロッパの専門家も驚いた。その名は「ヴィオラ・アルタ」という。

彼がその楽器と出逢ってから、その名を知るまでには、長い年月があった。その辺りは、彼自身の手による本編で、存分にお楽しみください。


150年ほど前、ヨーロッパのサロンにさっそうと登場し、リストやワーグナーに愛されて重用されたヴィオラ・アルタは、第二次世界大戦後、ふっつりと姿を消す。不思議なことに、音楽史からも消されてしまった。ワーグナーの楽譜に、その楽器が指定されているパートがあるにもかかわらず。

まるで、何らかの強い意図が働いたかのように、一斉に、壊されたり、寸法を変えられたり、別の楽器に作り替えられたりしたのだという。自然消滅とは思えない。もしかすると、かつてのドイツ国で人気のある楽器だったからかもしれない。国の崩壊とともに、その国の栄華を彩った楽器が疎まれる――「消された」楽器、ヴィオラ・アルタ。

しかし、全滅は免れる。

まとめ買いの楽器コンテナに紛れ込んで、日本に渡った一本が、生き残ったのである。

その〝子〟は、渋谷の弦楽器店の片隅で、長い間、眠っていた。

そして、ある日、一人のヴィオラ奏者によって、救い出される。

平野真敏は、東京藝術大学卒業後、ドイツのデトモルト音楽院ドルトムント校に学び、卒業後はしばらくヨーロッパで、ヴィオラ・ソリストとして活躍した。

彼の実力を語るエピソードがある。

1999年、彼に、クロアチア政府から封書が届く。クロアチアの国民的作曲家、ミロスラフ・ミレティッチの「作曲家生活50周年記念コンサート」にソリストとして招聘《しょうへい》されたのである。

ミレティッチのヴィオラ・コンチェルトは難曲として有名で、世界の有名音楽院で、ヴィオラの上級コースの入学試験に使われることもあったという。その難曲を記念コンサートにかけるに当たって、当のミレティッチ氏から「この曲を弾けるのは、日本の平野真敏しかいない」との強い推薦があったのだ。コンサートが、国の文化事業として計画されていたために、政府からの書面が届いたのであった。

ちなみに、ミレティッチ氏は、かつて一世を風靡したユーゴスラヴィアのカルテットのヴィオラ奏者であった。手練《てだ》れのヴィオラ奏者にしか書けない、ヴィオラ・テクニックを駆使したヴィオラ・コンチェルト……これが作曲家としての出世作となった。その曲を、平野に託したのだ。

1999年11月26日、平野真敏の演奏は、会場中のスタンディングオベーションで称えられた。ダイナミックで繊細なテクニシャンと評され、クロアチアの新聞もマスコミも絶賛した。

その彼が、老舗《しにせ》楽器店のケースの片隅で、埃《ほこり》をかぶっていた、くだんの楽器を見つけたのである。

彼以外の誰が、その楽器の本当の音を出してやれただろう。

この本は、在りし日の平野真敏が、「見たこともない楽器」に出逢い、その音に心を奪われ、その正体を明らかにしていく道のりを、自ら書いたドキュメンタリーである。

それは息をのむような、音楽界の至宝の真実と言っていい。

とはいえ、クラシック音楽に興味のない方にも、ぜひ読んでほしい。

謎解きの興奮は、上質のミステリーのようである。

遠くはるかな旅の様子は、壮大なファンタジーのようでもある。

知を楽しむ、極上の一冊である。


平野が奏でるヴィオラ・アルタは、不思議な楽器だった。

離れていても、まるで傍らで演奏してもらっているかのように聴こえた。音が大きいという意味じゃない。すぐそばで聴いても、離れて聴いても、同じ質に聴こえるのだ。コンサートホールのどこにいても、私を狙って弾いているかのようだった。

「盲導犬が、堪《こら》えきれずに声を漏らし、ともに歌う」というのも話題になった。けっして声など漏らさないように訓練されているのに。


平野真敏が天国に行ってしまって、この魔法の楽器が再び、一人ぼっちになってしまったことが、私には胸が痛い。

せめて、この楽器がこの世に存在したことを、多くの人に知ってもらえたら。この子が、再び、孤独な眠りに入らなくてすむように。

この本の出版には、そんな願いが込められている。

この本の主要部のオリジナルは、2013年に集英社新書から発売されている。7年の時が流れ、平野真敏とヴィオラ・アルタは、もっと深い関係になっていた。「この楽器の潜在力をもっと世に知ってもらいたい。すごい楽器なんだよ。まだ、秘密があったんだ」と意欲を新たにしていた。

そんな彼を癌が蝕《むしば》んだ。

彼とヴィオラ・アルタが、最後に、どんな秘密を分かち合ったのか。その全容は、もう、わからない。

彼の新しい本が永遠に読めなくなってしまったことにがっかりした私は、せめて最初の本をもっとたくさんの方に読んでほしいと思うようになった。

この珠玉の文章を、今一度、蘇《よみがえ》らせることで、私は、世に問いたい。

——あなたは、音楽家とは何か、知っていますか？

音楽。その脳の歓《よろこ》びの一部を担い、この世を楽園に変えている彼らの、音楽に魅せられた、その姿を。

本書には、もう一編、「クロアテスカ――人生の扉」と題した文章を掲載している。平野の死後、彼のパソコンから見つけ出した遺稿である。遠き日、学生にしか過ぎなかった彼が、〝本物の音楽家〟になった日のことが書かれている。

晩年に人生を振り返れば、誰にでも、「人生の扉を開けた」と思う瞬間があるのではないだろうか。彼は、密《ひそ》かに、そんな日のことを書き残していたのである。

タイトルの「クロアテスカ」は、「クロアチア流」とでもいう意味だろうか。わかりにくいタイトルかもしれないが、美しい響きだし、彼がつけたものなので、そのまま使うことにした。

ここに、一つの真実がある。

人が一人、真摯《しんし》に生きて、この世の秘密の一つに触れて、逝った。

その一瞬の輝きを、ぜひ、味わってほしい。

たくさんの人に読んでほしい。

多くの人が読んでくださることで、その一瞬が、きっと永遠になると信じるから。

幻の弦楽器　ヴィオラ・アルタを追い求めて　目次

序にかえて――世にも不思議な楽器ミステリー　黒川伊保子　1

はじめに　15

第一章　「謎の楽器」との出会い

ショウケースの片隅に　18
明かされた名前　22
不思議な音色　31

第二章　失われた歴史を求めて

散らばっていたヒント　44

書き込まれた数字 47
ヘルマン・リッター教授 55

第三章 ヴィオラ・アルタを弾きながら

最初の南蛮渡来の楽器はヴィオラ？ 62
日本初のヴィオラ・アルタ独奏会 73
「忘れられたロマンス」 82
ヴィオラ・アルタ誕生前夜 90
音楽家の「故郷」 100

第四章 ヴィオラ・アルタの謎を解く

『ヴィオラ・アルタ物語』という書物 114

もうひとりのヴィオラ・アルタ奏者 118
響き合う不思議な「唸り」 125
「ヴィオラ・アルタはやめたほうがいい」 132
ワーグナーの賞賛 141
パリとサロンと「忘れられたロマンス」 144
工房の発見 149
作曲家ドレーゼケの血 156
真実のパイプオルガン 165
ワーグナーの呪縛 170

【遺稿】クロアテスカ——人生の扉
ドルトムント、移民の誇り 177
カティーの店 180

クロアチアへの道　186
ヴィオラに導かれて　191
ザグレブ中央駅　196
作曲家の部屋　200
街の灯火　205

解説――忘れられたロマンス　黒川伊保子　211
午前6時、一目会いたくて　213
ヴィオラに魅せられて　215
皇室に献上された「ヴィオラの子守唄」　217
運命の出逢い　218
ヴィオラ・アルタの魔法　219

写真撮影　比田勝大直
ブックデザイン　鈴木成一デザイン室

幻の弦楽器

ヴィオラ・アルタを追い求めて

はじめに

車底から鳴り響く、線路を喰《は》む鈍い音で、ぼんやりと目が覚めた。

成田を発《た》って前夜遅くウィーンに到着し、早朝の列車に乗り込んだので、少し眠ってしまったようだ。慌てて路線図を開き、窓の外を見る。そろそろ、世界初の山岳鉄道であり、世界遺産ともなっているゼメリング鉄道に入ったのかもしれない。一九世紀のただなか、ハプスブルク家の威信をかけた一大事業として建設された、アルプスの東端を越える鉄道だ。車両が勾配《こうばい》を登り切る金属音がきつく高鳴ったと同時に、車窓にはそびえ立つ断崖《だんがい》に囲まれた深い峡谷が広がった。屈強な岩を貫く無数のトンネル、古代ローマ建築を思わせる二層のアーチ橋を、列車はオーストリア南部の都市グラーツを目指して走り抜ける。

車内の広いコンパートメントには、私と愛すべき「その楽器」しかいない。時差のせいでまだ眠たい目をこすりながら楽器ケースを開けた。故郷ヨーロッパの日の光に照らされて、表面の柔らかい木目は、失われた時間を取り戻すかのように、そして、長い年月を経てなお活《い》きていることを知らせるかのように、はっきりと静かな波形を浮かび上がらせていた。

楽器を取り上げ、顎《あご》の下に構える。弦の調子を試すため、そっと小さな音で弾いてみた。フランツ・リスト作曲「忘れられたロマンス」の一節。久しぶりだったのでお互い気後れしたような感じだ。演奏家と楽器とは、親であり兄弟であり互いの分身でもありながら、おずおずと触れ合う恋人同士でもある。ゆっくりと弦に弓をのせる。温かく静かな響きが耳の奥に広がった。圧倒的ではないが、いつも会いたくなる素朴な濁りのない音。楽器に巻かれた弦は永遠に続く線路であり、弓は自由な旅人だ。両者が交わるところから音が出る、その刹那《せつな》こそ、私たちが活きている瞬間なのだ。

親愛なる「その楽器」は、ヴァイオリンやピアノのように、多くの人に知られているものではない。だが、楽器から体に伝わってくる共鳴からは、たしかな力の高鳴りを感じることができるのだった。

第一章「謎の楽器」との出会い

ショウケースの片隅に

「この楽器」と私の関係は、少々やっかいだ。なにしろ私は、拙《つたな》い音楽人生の最初から、その存在を知っていたようなのだ。

その楽器は、ショウケースのうっすらと曇ったガラス越しに、若いころの私を見ていた。一九八三年の秋、私はまだ高校生だった。当時のことはすでに記憶が曖昧《あいまい》なところもあるが、少なくとも寝食も忘れ、始終ヴァイオリンを弾いていたことだけはたしかだ。

私は中学生のとき、思いがけずクラシック音楽の道に進むことを勧められ、高校進学と同時に九州から単身上京した。故郷よりも早く日の短くなる晩秋の東京で、あるとき、稽古中にヴァイオリンの弦が切れた。それを買いに行くために、私は右も左もわからぬまま、ある有名楽器店に飛び込んでしまったのだ。

店の扉を開けると、銘品らしさを醸し出す楽器の数々が並んでいた。そして奥には、音楽雑誌でしか見たことのないような、木漏れ日の降り注ぐ欧風の工房。ヴァイオリンの材料である白木の板と、よく研がれた道具が置かれていた。その雰囲気に、経験の浅い私でも、さすがにもっとうまくなってから来るべきお店だと尻込みをした。

そのとき、奥のほうから、琥珀《こはく》色のパイプがよく似合う、恰幅《かっぷく》のよい紳士がゆっくりと歩いてきた。

「こんにちは。なにをお探しですか」

その人が、クラシック専門誌の前月号で、ヴァイオリン店特集のインタヴューを受けていた人物だと一目でわかったので、私はますます動揺してしまった。木下弦楽器株式会社の代表取締役社長、木下多郎氏だった。おずおずとヴァイオリンの弦を注文してから、私が店内の飴《あめ》色に輝く楽器に眼を泳がせていると、木下氏から一言「弾いてみませんか？」と声をかけられた。そして、背中を押されるように美しいヴァイオリンを手渡された。

美酒に酔う、という表現の通り――大人になった今でも、自分が酒の味を本当に理解しているのか疑問だが――、良質の音に包まれて、私の心はすっかり酔っ払ってしまったようだった。高揚感と、体に直接入ってくる響き。それは、日々のレッスンとはまったくちがう、はじめて経験する「なにか」に満ちているような気がした。私は夢中になって、そのころ、自分が練習していた曲を弾いた。だがそこで、

「楽器を泡ぁ食って弾いちゃいけないよ。落ち着いてゆっくり鳴らさなきゃ」

と木下氏にずばりと言われて目が覚めた。九州から出てきた私には少々きつい、江戸前な言葉の洗礼だった。

木下家は、東京でも最初期にヴァイオリン作りを志した数少ない家柄だ。現在の多郎氏で三代目を継ぐ、東京人である。戦後の、物資と情報の乏しい時代をも乗り越えて、一家はヴァイオリンの製作技術を守り、受け継いできた。

多郎氏は若き日にドイツに渡り、バイエルン州立ミッテンヴァルト・ヴァイオリン製作学校を卒業。楽器の生産で世界的に有名なイタリアの都市クレモナで開かれる、トリエンナーレ国際アントニオ・ストラディヴァリ・ヴァイオリン製作コンクールで日本のメーカーとしては初となる金賞を受賞するなど、ヨーロッパで活躍した。帰国後は、ドイツでの経験と、先代までに培った木下家独自の技術を融合させ、渋谷に店を開いた。私が偶然にもその店に迷い込んだのは、まだ氏が店を持たれて間もない時期だった。

こののち、私は高校からの帰り道に店に立ち寄らせてもらっては、木下氏の機知に富んだ「ヴァイオリン千夜一夜物語」をねだった。それこそ、紙芝居に見入る子供のように、ワクワクしながら聞いたものだ。

そのうち、私は東京藝術大学に進学し、専門をヴァイオリンからヴィオラに替えた。あっという間に月日は流れた。一九九八年、プロのヴィオラ奏者となっていた私は、仕事で長く滞在していたヨーロッパから帰国し、東京都台東区に小さな音楽事務所を設立して演奏活動を始めた。久しぶりに木下弦楽器を訪れようと足を向けると、渋谷の街は若者でにぎわい、すっかり様変わりしていた。だが、店の扉を開けると、あのころと変わらぬ光景が待っていた。

二〇〇三年のある日も、店の扉を開けると、木下氏は親子連れの客——母親と男の子、たぶん小学校の低学年だろう——に、親切に細かく楽器の扱い方を説明しているところだった。

私はぶらぶらと楽器などを眺めながら、氏の手が空くのを待った。やがて、母親が勘定を始めると、男の子が傍《そば》を離れてショウケースを覗《のぞ》き込んだ。私がはじめてこの店を訪れたときに見入ったのと同じ、古いショウケースだ。その光景に、私は思わず遠い昔の自分を重ねた。その刹那、男の子は無邪気に、「お母さん、こんなに小さなチェロがあるよ」と声を上げた。

小さなチェロ。そんなものが、このショウケースに入っていたっけ。

私はその子の肩越しに、かつて見慣れたはずのショウケースの中を見た。おや、この楽器はたしかに、昔からあったぞ。ヴァイオリンばかりにしか注意の向かなかったあのころの私には、この楽器が見えていなかったのかもしれない。

ショウケースの少し曇ったガラスには、「その楽器」を覗き込む男の子と私の姿が、重なるように映っていた。

明かされた名前

「その楽器」は目覚めを待っていた。

美しい造形美を持ちながら、なぜか良縁に恵まれずにいたのだ。この出会いがなければ、きっと誰にも気づかれずに、何年でもケースの片隅で眠っているつもりだったのだろう。

木下氏によれば、「その楽器」はアメリカでのオークションを経て、数十年前に木下弦楽器に船便で送られてきたとのことだった。楽器取引の世界で、「船便」という言葉が意味するのは、「その他大勢」扱いであった、ということだ。修理が必要な楽器、ほとんど価値のない楽器などを取り混ぜた「箱買い」の結果、それらの楽器は船便で日本に送られてくる。だから、この奇妙な楽器は、有名な楽器や由緒正しい楽器のように、うやうやしく鍵《かぎ》つきのケースに入れられて、「手持ち」で運ばれてきたわけではない。

それにしても、面白い楽器だ。チェロとしては大変に小さい。だが、逆にヴィオラと考えるにはあまりに大きい。こんな楽器を見たことのある人は、まずいないだろう。どうにかして使えないものか――。実は、私はこのとき、自分の経営する事務所で主催する予定の講演会で、面白い企画がなかなか浮かばず、行き詰まっていたのだ。「その楽器」がなにか話の種になるだろうかと考えながら、私は言った。

「これぐらい大きなヴィオラがあると、講演会場の一番後ろの人にもよく見えますね。しかし、これは子供用のチェロだから、私には使いようがないかな」

だが、木下氏の返事は驚くべきものだった。

「いや、この楽器はたしか、分数チェロ（子供用の小さなチェロ）ではないのですよ。聞くところによると、『ヴィオラ・なんとか』といって、どこかの国の博士が作った由緒正しいものらしい。ただ、実用品ではないでしょう。これまでも、大きめのヴィオラが欲しいとお望みのお客さまがいらっしゃって試してみられた方もいました。ですが、あまりに大き過ぎて、長い時間、演奏会で弾くのは疲れてしまうというので、お蔵入りになっていたんです。この楽器の記録レコードもないし、お店のディスプレイのつもりで飾っていました」

どこかの博士が作った、「ヴィオラ・なんとか」。

私はあらためて、まじまじと「その楽器」を見た。たしかに楽器開発の歴史の中には、いったんは製造が始まったものの、あまり実用性がなく忘れ去られたり、時代の変化とともに音楽の中で求められる楽器の音色が変化して、表舞台から姿を消したりしたものも無数にある。たとえば、現在のように見直しが進む前には、「古楽器」と呼ばれるリュートやヴィオラ・ダ・ガンバなども演奏する人はほとんどいなくなっていた。

　これも、きっとそうした楽器のひとつなのだろう。だが、講演会で聴衆に見せるには、格好の素材ではないか。姿かたちも端正で美しい。見たところ傷も割れもなく、楽器の出来栄えとしてはいやな気持ちはしない。

　そこまで考えて、私はふと思ったのだった。永年のほこりを落とすつもりで、試しにこれを「弾いて」みるか。この時代に、こいつをちょっとお披露目してやるのも、なにかの縁というものだろう。そして、終わったらもう一度、眠りにつかせればいい——。

　私は木下氏に頼んで、「その楽器」を借り受けることにした。木下氏も快諾してくれたのだが、いざ家に持ち帰ろうとしたとき、いきなり問題が発生した。なんと楽器が大き過ぎて、それに合うケースがなかったのだ。重ねてみると、楽器自体が普通のヴィオラケースと同じくらいの大きさだった。正直言って、私はかなりげんなりしてしまった。

　ああでもない、こうでもないと木下氏の手を煩わせた挙句、私はその楽器を、空気クッション入りビニール、通称「プチプチ」で何重にも包装してもらうことにした。それを地下鉄の渋谷駅から、浅草に近い田《た》原町《わらまち》駅までの間、紙袋に入れたフランスパンのように抱えて持ち帰ったのだ。あとから考えると、このときの自分の行動にゾッとさせられる。

　下町の我が家につき、日が傾くと、通りで遊んでいた子供たちの声が聞こえなくなった。

「その楽器」にも然《しか》るべきケースで休んでもらおう、という気にはなったのだが、さてどこに寝てもらうか。プチプチを開いたものの、私はため息をつくしかなかった。

解決策を思いついたのは夕食後になってからだった。我が家には、ヴァイオリンとヴィオラをセットで入れることのできる、コンビケースというものがあったのだ。使う頻度は低いのだが、両方を同じ場所で使用するとき、ふたつケースを持っていく手間が省けるので購入したものだった。

このケースはうまくできていて、ヴァイオリンとヴィオラとを向かい合わせ、上下を互い違いにすることで、ひとつの長方形のケースにうまく納まるようになっている。その真ん中の部分にある仕切りを取り払うと、ちょうど斜めに「その楽器」が収納できた。隙間《すきま》には詰め物をしてにわかリフォームを施し、ベッドメークをして、「その楽器」を寝かせた。良質の木材を使っているのだろう、あらためて楽器を手にしてみると、見た目よりずっと軽いのが印象的だった。

次の朝が来た。私は、起きて湯を沸かす。さほどこだわりがあるわけではないが、手で珈琲《コーヒー》豆を挽《ひ》く。それを飲みながらインターネットで情報を集める。一日の計画を練ってから楽器の傍らへ。愛器の、ポーランド製の若いヴィオラを取り出し、朝の日課の練習を一通り終える。

件《くだん》の楽器は拙宅でのお目覚めはいかがだろうか。「その楽器」のケースを開けた。見慣れてきたせいか、はじめほど大きいとは感じない。しかし、測ってみると裏板の長さは四七センチもある。普通、ヴィオラは四〇センチ前後だから、これはやはり尋常ではない。弦の長さも考えていた以上に長かった。

だが、一方でこれが「大きいヴィオラ」として作られた楽器である可能性も捨て切れない。そもそも、面白いことに、ヴィオラという楽器のサイズや形は一定ではないのだ。たとえばヴァイオリンは、世界中に存在するどの楽器も、ほとんど同じサイズだ。オーケストラを見ていても、一丁一丁、若干の顔つきのちがいはあれど、大きな個体差はないように見える。

だがヴィオラはちがう。チェロのように、床に刺すエンドピンの長さで楽器と演奏者の体の位置関係を調整できるわけでもなく、ヴァイオリンと同じく顎の下に挟んで、肩から鎖骨にかけてのライン上で支えて弾くにもかかわらず、である。

弦楽器の大きさを表すときは、一般的に、裏板の縦の長さの一番長い部分を測る。平均的なヴィオラの大きさは、製作年代の流行によってちがいもあるが、おおよそ四〇センチ前後だから、それを超えると「大型」の領域に入る。その意味で、この謎の楽器は「超大型」といっても過言ではない。

弦楽器は、たった数センチ本体の長さが変わるだけでも、演奏家にとっては大きな運動量の差を生む。数センチの差で、弓を弦に置く位置が体から遠くにずれて、腕の運動半径が大きくなってしまうのだ。その疲労を楽曲の演奏時間分ずつ蓄積していくと、演奏会をやり通すのに必要な体力にかなりの差が出てくる。それが七センチも大きいというのだから、これは大変な楽器だな、と私はあらためて唸《うな》った。

一方で、「その楽器」は、大きさの割には非常に軽かった。製作当初に、よほどよく乾いた木材が使われていたのだろう。作られた時代よりもさらに前から乾燥させられてきた、質のいい木材だ。

表板は、ドイツトウヒ。クリスマスツリーに用いられる針葉樹。裏板と横板は、イタヤカエデ。秋を彩る落葉樹。いずれも珍しい木材ではない。だが、弦を巻くくさび形の糸巻きや、左手が絡む指板《しばん》、弦を引っ張るテールピースのすべてに黒檀《こくたん》が使われている。黒檀は緻密《ちみつ》で重く硬いが、最近では伐採が進んでよいものは少ない。貴重な材料だ。

楽器全体を上部から見直していく。

弦楽器の象徴である渦巻き（スクロール）の部分。音色とは直接の関係がない部分なので、ここには職人の彫刻の技術と遊び心が表れる。素晴らしくいい音が出る楽器でも、渦巻きの左右がうまく対称になっていなかったり、渦巻きの高さが不揃《ふぞろ》いだったりする。よい楽器の製作ができない職人でも、渦巻きの彫りだけがやたらうまく、ほかのメーカーからこの部分だけの下請けをした職人もいたという。

この謎の楽器の渦巻きは端正で、すこぶる美人だ。計算されたカーヴで、これを彫り出した刃物の使い込まれた鋭利さを感じさせる。

私が楽器の「顔」だと思っている、楽器の「括《くび》れ」、「f字孔」、「弦」の配置のバランスはどうだろうか。

ヴァイオリン属の楽器の形は、女性の豊かな体を模したともいわれるが、「括れ」は、そのウエストの部分といえばわかりやすいかもしれない。左右鏡像の対称を成す「ƒ」の形に刳《く》り抜かれた「f字孔」は、楽器の胴から音が出る穴だ。デザイン的な重要性だけでなく、音質にも直接、影響を及ぼす大切な箇所でもある。これらと「弦」とを合わせると、楽器全体がなんとなく、人の顔のように見える。

楽器には、優しい音を出すのに機嫌が悪そうな顔だったり、曲に合わせて笑っているような顔だったり、ときにはなにかを考えているような顔のものもある。だが、よい楽器に共通することは、この部分に独特の集中力があるということだと私は思う。

かつては、この顔の形を音に反映させる、名人技を持った弦楽器製作者がいた。一八世紀末から一九世紀初頭にかけて活躍した伝説的なヴァイオリニスト、ニコロ・パガニーニが生涯愛用したヴァイオリンの製作者、グァルネリ・デル・ジェズ。その祖父のアンドレア・グァルネリこそ、その名人である。彼の手になるヴィオラは今日でも有名で、その音は高く評価されている。アンドレア・グァルネリがこだわったのは、ヴィオラのウエストの部分に、ある一定の幅を持たせることだった。そうすることで、低音の響きの魅力を引き出した。グァルネリの楽器の「顔立ち」は表情が深く、音の響きも深いのだ。

さて、目の前にある謎の楽器の表情はどうだろう。一見してクールだ。女性なら、あまり化粧っ気もない、よき家庭人の顔といえるだろう。陰のある印象はまったくない。深くなにかを突き詰める感じでもない。冗談を言って爆笑することもなさそうだが、面白みのない人柄でもなく、いつもなにかに微笑《ほほえ》んでいるようだ。

「顔」はほぼ左右対称で、楚々《そそ》とした長身の美人だと思える。

通常、ヴァイオリンなどの弦楽器は自然な美しさを出すために、左右の形を少し変えている。楽器でも絵画でも、彫刻においても、完全なシンメトリーというものは人間にとって、右脳と左脳に均等に映り込み、あまり美しいと感じられないらしい。完全性を追究するほど、美は欠点に見えてくるようだ。そういえば、古代ギリシャやローマの人々が求めたシンメトリーの美も、ルネサンス期を過ぎると人々に飽きられ、マニエリスム（マンネリズム）が台頭することになった。

　そうした非対称の楽器を見慣れた者には、この楽器の冷徹なまでの対称性は、なんとなく常人離れしたように感じられる。表面を覆っているニスにも、柔らかく蜂蜜のように溶け出しそうな甘さはない。あくまで、木の表面の劣化・割れ・傷を防ぐための実用的な存在だと思えてくる。

　最後に、私ははじめて出会ったこの楽器が、なんという名前で、何年に作られたのかを知ろうと考えた。楽器の胴の内部に貼ってあるレッテルは、f字孔の奥の暗闇に隠れた楽器製作者の自己紹介だ。このような奥ゆかしい場所にあるのも、製作者が演奏者にはまず楽器の音色から愉《たの》しんでもらい、そのあとで自分の名前を知って欲しいと思うからなのだろう。

　この楽器を、「大きいヴィオラ」とだけしか理解せずにケースを閉めるのではなく、せめて製作者の「レッテル」に挨拶をしておくべきだ。暗い胴体の中を灯《あか》りにかざして覗き込んだ。そこには、永い時を経てセピア色になった紙が貼りつけてある。薄くほこりの積もった活版印刷の文字が並んでいた。

“Viola alta”

——ヴィオラ・アルタ。

「その楽器」が、秘められた名を私に告げた瞬間だった。

不思議な音色

ヴィオラ・アルタとの出会いから数日が経《た》った。

講演会の会場となった、福岡にある新聞社のホールは、設備はとても立派なのだが、音響にしても照明にしても、会議用に全システムが組まれていたため、演奏には不利な空間だった。しかし、この企画は演奏もしつつ、その合間にヴィオラという楽器の歴史などを講演する、というものだ。情報をまとめて伝えるには、パソコンでプレゼンテーションができる環境はありがたい。

中心として扱う楽器は、二丁。まず私の愛器である、ポーランド製のヴィオラ。それから、過去に存在した興味深い楽器ということで、ヴィオラ・アルタだ。演奏部分では、ほとんどの演目はヴィオラで弾き、真ん中で数曲のみ、ヴィオラ・アルタで弾いてみようと思っていた。

いよいよ、講演会が始まった。私はまず、自分のヴィオラについて述べる。

このヴィオラは、一九八一年にポーランドのある地方都市で作られた。日本ではまったく無名の工房による業物《わざもの》だ。細部にわたって丁寧に作られているが、年代からいっても、ストラディヴァリのように熟成された古い銘器ではなく、めりはりの利いた新進気鋭の楽器というわけでもない。この楽器の音色から私がイメージするのは、収穫を終えて白夜に浮かぶ刈り込まれた畑、錆《さ》びた巨大な製鉄所の横を突っ切る灰色のアウトバーン。決して洗練され過ぎない、ポーランドの荒涼と憂鬱、哀愁とでも表現できようか。

この楽器は、私がドイツ留学時代の恩師、ローマン・ノヴィッキ氏から受け継いだものだ。一九八九年のポーランド民主化の折、この楽器はノヴィッキ氏とともに西側に渡ってきた。そして著名な指揮者たちとともに、さまざまなオーケストラでソロ演奏に用いられた。私が聴いた中でとくに印象に残っているのは、ノヴィッキ氏がヴィオラ・ソロを務めたリヒャルト・シュトラウス作曲、交響詩「ドン・キホーテ」だ。このとき、氏は世界的に有名なあるチェリストと共演したのだが、のちに演奏の録音を聴いて、「むこうのは高価な楽器、私のは民族楽器」と笑っていたのを思い出す。ノヴィッキ氏の気取らない人柄と、素朴で優しいこの楽器の音色はよく調和していた。

そうした話をしたあと、私はロシアの巨匠、ドミトリー・ショスタコーヴィッチの「ヴィオラ・ソナタ」を演奏した。

今回、この愛器には、昔から使われている太いスチール弦を張っていた。あえて無骨な音を出すためだ。美しさや華麗さよりも、鈍い力強さの上に成り立った「怒り」を表現したかった。ショスタコーヴィッチが一九七五年、亡くなる直前に書き上げたというこの大曲は、音楽と人生の関わり合いを教えてくれる偉大な作品だ。抑圧に満ちた当時のソヴィエトの社会に苦悩しながらも、決して風刺、洒落《しゃれ》っ気、ユーモアのセンスを忘れない、人間ショスタコーヴィッチの感情のうねりがそこにはあった。

この曲の最終楽章は、有名なベートーヴェンのピアノ・ソナタ「月光」のテーマを引用して、深遠な、永久の世界を表現している。そして、そこにいたるまでの旋律には、まるで、きめの細かい皮膚の下を地の底から吐き出される赤いマグマのようにたぎった熱い血が流れているように、繊細さと荒々しい怒りが共存している。この二面性こそが、私にとって、ヴィオラの音のイメージの基調となるものだった。

次に、私は自分のヴィオラへの永年の感謝を表す意味もこめて、アンリ・ヴューータン作曲「エレジー」を弾いた。これはヴィオラ演奏者として歩み出そうとする私を支えてくれた特別な曲だ。この曲を弾けば、ヴァイオリンなどに比べれば認知度が低く、地味な印象のヴィオラが、充分に独奏楽器として通用するということを証明できる気がするのだ。

そもそも、なぜ私はヴィオラと出会ったのだろうか。

私が東京藝大に在籍していた一九八〇年代、国内では「ヴィオラ」といえば室内楽やオーケストラで演奏される楽器というイメージが強かった。独奏に挑戦する日本人も、海外で活躍する数名の演奏家を除いては、ほとんど皆無であったと思われる。もちろん、演奏技術や音色という意味では、海外在留経験がまったくなくとも、国内の演奏会で腕を磨き、己の努力と耳のセンスのみで素晴らしい音を練り上げた邦人演奏家は多数いた。だが、ヴィオラ独奏に関しては情報が極端に少なく、ヴァイオリンに比べればごくごく限られた曲しか演奏会で取り上げられなかったことを覚えている。

私は学生のころから、ほかの楽器に比べてヴィオラの独奏演目が少ないことに疑問を持ってはいた。だが、今となっては本当に恥ずかしい限りだが、在学中に指導教官が亡くなったことなどもあって、不勉強な私は残念ながら、適切な問いを立ててその疑問をぶつけることもできないまま時を過ごしてしまった。また、ちょうど同じころ、私の父も過労からある日突然この世を去り、寂しく空虚な日が続いた。

そんなある日、なんとラジオで、ヴィオラの独奏による演奏会の録音が放送された。日本のラジオでヴィオラが取り上げられること自体、非常に珍しいことだ。そして私は、演奏された曲の中のひとつの、あまりにロマンティックな曲想に圧倒されたのだった。それが、ヴュータン作曲「エレジー」だった。

ピアノ伴奏の深く静かな動きの和音がヴィオラの最初の音色を導く。だがヴィオラは、すぐに応《こた》えはしない。まるで長い間繰り返し歌い継がれてきた曲を口ずさむかのように、己自身でその旋律をゆっくりとなぞる。やがて旋律は、苦悩に満たされた心の中で波打ち始め、溢《あふ》れそうになるが、見えざる聖なる力の前に鎮められる。そして、天上からの声がピアノ伴奏に現れ、その声を追うようにヴィオラの音色はさらに高みへと昇り詰める。

この曲には、ひとりの芸術家の生きざまがロマン派の絵画のごとく厚く描き込まれていた。その力強さは、落胆し、頼りなげだった私を慰め、勇気づけてくれた。なんとかこの曲を自分のレパートリーにしたいと心から思った。それまでの勉強とはちがい、本当の意味で、ヴィオラを通じて純粋に音楽と向き合えた瞬間だったかもしれない。

作曲者アンリ・ヴュータンは、一八二〇年生まれ。ベルギー出身のヴァイオリンの名演奏家兼作曲家だ。当時、名のあるヴァイオリン奏者の多くは、同時にヴィオラをも弾きこなしていた。ヴァイオリンの明瞭《めいりよう》なむらのない音色の世界と、ヴィオラのもどかしくも厚みのある世界、どちらも自由に行き来できる幸せな人々だったのだ。

しかし、その中でもとくにヴュータンは、フランスの素晴らしい楽器製作者、ジャン＝バティスト・ヴィヨームのヴィオラを持っていたためか、奏法に独自の視点を見出《みいだ》していたことがうかがえる。

ヴィオラにはヴァイオリンと同じように四本の弦が張ってある。だが外見上は同じでも、各々の楽器の、一番高い音が出る弦の役割には大きなちがいがある。ヴァイオリンの最高音が出る弦は、すべての弦楽器の中でもっとも細く輝かしい響きを奏で、小鳥が囀《さえず》るような愛らしさも持っている。ヴィオラの一番高い音の出る弦はどうかというと、実はふたつの性格の音色を持つ。ひとつは、オーケストラをはじめ合奏の際に見せる、音と音との隙間を埋めるような、安定した融通性のある音。いわば家庭的な紳士だ。それはまた、木管楽器のような、部屋の空気をほんのりと包むような音色でもある。

そしてもうひとつは、頑として主張を曲げない、圧倒的なリーダーとでも呼ぶにふさわしい音色。夕日に向かって勝利を誓う、馬上の騎士のようだ。ほかのどの楽器の音にも類を見出せない、濃く焼けたような響き。この響きこそヴィオラ特有の音であり、作曲家たちの着想の種子となった。

苦闘の人ルートヴィッヒ・ファン・ベートーヴェンの偉業を経て、クラシック音楽は人間の怒りや儚《はかな》さなど、感情のひだの細部まで表現することが求められるようになった。以来、音楽芸術という白いカンバスには、常に斬新《ざんしん》な素材をぶつけ、大胆な色彩を描き出すことが必要とされている。ヴィオラの音色が醸し出す焼けた響きの臭気は、まさに、その大胆さを表現するにふさわしいものだ。巨匠ヴュータンは、「エレジー」の中に、そのヴィオラの音への深いオマージュを埋め込んでいたのだった。

こうしたヴィオラの演奏と、それにまつわる話題を披露して、いよいよプログラムは中盤に入った。私はそこで、眠りから覚めたばかりの「ヴィオラ・アルタ」を手に取り、はじめて聴衆のみなさんに紹介することになった。

講演会を前に、私はこの楽器の概要をほうぼうで探していた。なにしろ永年、楽器の取引に携わっているあの木下氏でさえも、海外でも日本でもこの楽器の実音を聴いたことがないとおっしゃっていた代物だ。手近なところで、東京藝大の資料なども閲覧してみたのだが、「ヴィオラ・アルタ」という楽器が演奏されたり、研究されたりした形跡は、まったく見当たらなかった。結局、私は国内で広く流通している、信頼のおける音楽事典、平凡社『音楽大事典』に載っていた、「ヴィオラ・アルタ」の項目の文章に沿って説明するしかなかった。

ヴィオラ・アルタ　viola alta
1872～75年ドイツのH・リッターが考案したヴィオラの改良種。（中略）ヴァーグナーやR・シュトラウスもこの楽器を賞したが、大型で扱いに不便なため一般化しなかった。

有名な事典にこのように書かれているのだから、「ヴィオラ・アルタ奏者」は、やはり今日存在しないのだろう。そして、次のような記述もなされていた。

ヴィオラがヴァイオリンよりも5度低く調弦されるのに比例して、弦長および胴を3対2の割合で大型化し、指のポジションを4対3の関係に保ったもの。（中略）これによって輝きと力に乏しい音色は改善されたが、ヴィオラ特有の鼻にかかった響きがないと非難する人もいた。

ここからわかるのは、結局のところ、ヴィオラ・アルタがヴィオラとは決定的に異なる楽器なのだということだけだ。ヴィオラの魅力は、なんともいえない、もどかしいほどにくすんだ音なのだから。私自身、そのくすんだ音に惹《ひ》かれてヴィオラを弾き始めたのだ。その特徴ある音が出ないというのでは、ヴィオラであってヴィオラでない。

壇上で、とりあえず「これはヴィオラ・アルタです」と紹介したものの、私はその段になっても、この楽器の音のイメージがはっきりとはつかめないままだった。ひとまず、大きいヴィオラを演奏するのだと思って、精神力で乗り切るほかない。わからなくても、とにかく聴衆の前でヴィオラ・アルタを弾いてみることで、楽器がなにかを教えてくれるかもしれない。

この楽器で弾く最初の曲として用意していたのは、クロアチアの歴史的な作曲家イヴァン・ザイツの「悲しい歌」という作品を、私自身が編曲したものだった。この作曲家はイタリア・オペラで有名なヴェルディを崇拝していたが、その後、スメタナやシベリウスのような「国民楽派」に分類される作曲活動を行い、クロアチアの音楽史上の伝説的な人物となった。

実は、編曲にあたって私は、曲名をヴュータンのものと同じ「エレジー」に変えていた。この言葉が、ヴィオラの性格によく合っていると考えたからだ。多くの作曲家は、ヴィオラのために書いた曲に、「悲」ではなく「哀」の音色を選んでいる。「哀」には涙だけではない、いとおしさがあり、ヴィオラの曖昧な音の響きは、それを奏でるのに適している。だからこそ、ヴュータン、ストラヴィンスキー、グラズノフなど数々の作曲家が「エレジー」というタイトルでヴィオラのために曲を残しているのだ。ザイツのこの曲も、その「哀」の色を持っていると私には思えてならない。

こうして、ヴィオラ・アルタを披露する、はじめての曲を弾き終えた。不思議な音色だった。自分が弾いているのに、音が遠くから歩み寄ってくるようだった。弾き慣れている曲だったからこそ、ヴィオラとのちがいがよくわかったのだ。そこには、地底から唸るような響きはない。直接的な表現で怒りや悲しみを吐き出すこともさせなかった。感情に任せて思いをぶちまけるのではなく、ひとつひとつの言葉の意味を大事にしなさい、と諭されるような、端正な印象だった。ヴィオラ奏者としての自分には、勉強になる「よい薬」だとも思えたが、さて聴衆の感想はどうだろうと思いいたって、にわかに心配になった。

今回の私の演奏が不評なら、せっかく現代に目覚めたヴィオラ・アルタが不本意な結末を迎えることになりはしまいか。この楽器は、一六世紀から二一世紀の現在まで生き延びてきたヴィオラに、歴史上の一時期、貴重な改良の試みが行われたことの生き証人なのだ。音楽事典にいわく、ドイツのH・リッターという人が、この楽器を創作してワーグナーに認められたという。ひとりの人間が重ねたその努力の重みは、結果的に現在、この楽器が一般的であろうとなかろうと変わらない尊いものだ。考えようによれば、失われたかに見えた「ヴィオラ・アルタ」がこうして目の前にあるということは、この楽器がいつの日か再び高い評価を得る可能性もあるということだ。その復活の芽を、私の演奏でつぶしてしまってはいないだろうか。

講演会のプログラムをすべて終え、ステージを降りた私は、おそるおそるお客さまの感想を聞いた。結果は、私の演奏経験の中でも群を抜く、驚きの返事ばかりだった。長い間練習してきた私のヴィオラによるヴュータン作曲「エレジー」と、数日前に出会ったヴィオラ・アルタによるザイツ作曲「エレジー」とが、なんとほとんど同等の評価を得たのだ。私の読みは完全に外れていた。

楽器に詳しいある方は、開演に遅れてしまい、会場の外でヴィオラ・アルタの音を聴いたそうだ。扉の外なのに旋律がはっきりと聴こえたために、今日は演奏の調子がよいか、マイクを使っているのだろうと思ったという。そのほかにも、多くの方が、この楽器の明瞭な発音をヴィオラと同じように高く評価してくださった。

この講演会を皮切りに私は各地で同様の催しを行ったが、ヴィオラ・アルタはどの会場でも同じように聴衆から高い評価を受けた。はじめのうちは、この楽器が受け入れられたことを嬉しく思うばかりだったのだが、回を重ねるうちに、また別の感情も芽生えてきた。歴史的に宙に浮いている、このヴィオラ・アルタは、なんとも不憫《ふびん》な存在ではないか。なぜ、これほど人に愛される音を持ちながら、誰も弾く人がいなくなり、迷子になっているのだろうか。そもそも、この楽器はドイツのどこで生まれて、どのような生涯を送り、どうしてあのショウケースの片隅へなどやってきたのか。それを解き明かしたい。

そしてまた、この時代で安住できる場所を探し当てるまで、この楽器を支えてみたいとも思うようになったのだ。見も知らない過去の人、H・リッターという人物が一生をかけて残したのであろうヴィオラ文化への遺産。それを私が、楽器が時代から時代へと永い時を旅する、レールとレールのつなぎ目になって、次の世代に残してみようではないか。そのためにもまず、この楽器が本来、何者であるのかを知らねばならない。

いつの間にか惚《ほ》れ込んでしまった、この魅惑的な楽器の謎を解くための長い旅が、こうして始まったのだった。

第二章 失われた歴史を求めて

散らばっていたヒント

ヴィオラ・アルタの真実を知りたい。そう考えるようになった私だったが、この時点では、旅の第一歩をどこに歩み出せばよいのかさえわからなかった。ところが、まったく意外なところで道標が見つかった。

各地での演奏会が終わり、浅草の事務所に戻ってきた私は、今や我が家のもうひとりの住人として迎え入れるつもりになっていたヴィオラ・アルタに「どこで寝てもらうか」と、あらためて考えていた。それまでは例の急ごしらえで改造したコンビケースに入れていたのだが、やはり歴史的な楽器なのだから、専用の、ふかふかのケースに納まっていてもらいたい。たとえ私になにがあっても、どんなトラブルにあっても守ってくれるような、頑丈なヴィオラ・アルタ専用ケースがないものか。

早速インターネットで検索してみたが、やはりこんなサイズと形状のケースは見つからなかった。そもそも、弦の長さと胴体の比率が一般のヴィオラとちがうので、ヴィオラ用の大きいケースを探したところで、ぴったりのものが見つかるはずがないのだ。ということは、汎用《はんよう》の大手メーカーのケースではなく、完全なオーダーにならざるを得ないだろう。

私は、記憶を辿《たど》った。たしか昔、ドイツ東部の楽器生産の盛んな街、マルクノイキルヒェンを訪れたとき、ガイドブックの端にオーダーメイドのヴァイオリンケースを作っている会社が載っていたのではなかったか。

マルクノイキルヒェン一帯を含むフォークトラント地方は、三〇〇年以上前から続くヴァイオリンの一大生産地で、ドイツ系楽器メーカーの創業者が数多く輩出している。そのケースメーカーも、おそらくその流れを汲むものだったのではないか。この会社のケースは一見普通だが、独自の工法を用いて強度を上げているという。「人が乗っても大丈夫」という、少々乱暴なふれ込みも記憶に残っていた。しかし、それでいて木材もふんだんに使っており、素材が湿気を呼吸することで、夏場にケース内が蒸れることがない。「安全性重視のケースです」――。

すぐに、押入れの奥にしまい込んだ昔の資料をひっくり返して漁《あさ》った。はたして、綺麗《きれい》に製本されてはいるが、紙質がいまいちな当時のガイドブックが出てきた。表紙は情けなく変色している。記憶にあったページを開いてみると、手慣れた書き文字のコピー印刷で楽器ケースの宣伝が載っていた。再びパソコンの前に戻り、その地方の商工会らしいホームページを見つけ、職種と住所で検索した。すると、昔とまったく同じ名前のメーカーがそこにあった。「ヴァイオリンケース工房　オリヴァー・ベルグナー」（ETUIBAU Oliver

Bergner)。

記載されたアドレスに、メールを発信してみる。「ヴィオラ・アルタという楽器なのですが、型はありますか」。ないならないで、オーダーすればよいことだ。返信は数時間であった。「とりあえず、寸法をお送りください。ここと、ここと、ここ……」。職人気質《かたぎ》を感じさせるその仕事熱心さに、なにはともあれ、絶対この人に注文しようと思った。メールをやり取りする間も彼の情熱は衰えることはない。内装の内張りの布の素材について相談する段になって、私はついに、どうしてもこのケース製作者の声を聞きたいという思いに駆られ、国際電話をかけてみることにした。

はじめに出たのは、ご家族だった。そうして、本人に替わってもらったとき、その第一声に、ベルグナー氏は電話口で驚くべきことを言ったのだ。

「ヴィオラ・アルタのケースは、その昔たくさん作った時期があります。大きなヴィオラですよね。あの楽器はみな同じ大きさだから、うちのヴィオラケースのラインナップでは、縦幅の最大値を、ヴィオラ・アルタがちょうど入る長さに決めているんです。日本にケースがついたら確認のために、楽器を入れた写真を撮って送ってくださいますか」

思った通り、短い会話の間にも、真面目で実直な職人気質を感じさせるしゃべり口だった。だが、それ以上にベルグナー氏はヴィオラ・アルタについて思いもかけない情報を何気なく語ってくれたのだ。

ケースの受注が過去にたくさんあったということは、ドイツでは「ヴィオラ・アルタ」がある程度普及し、演奏されていた時代が確実にあったことを意味している。そしてもうひとつ、「ヴィオラ・アルタ」の寸法は、どれもほとんど同じだというのだ。ヴィオラにはひとつひとつ個性があり、寸法もかなりちがっているのに、ヴィオラ・アルタはそうではない。なぜだろう。

数週間後、注文した楽器ケースがベルグナー氏から送られてきた。それまで見たことのなかったような、職人としての基礎のたしかさを感じさせる、しっかりした出来栄えの素晴らしいケースだった。早速、ヴィオラ・アルタを寝かせてみる。そして、楽器は寸分の狂いもなく、実物を測ったかのようにすっぽりと納まったのだった。

書き込まれた数字

現在でも、ドイツを代表する堅実な楽器ケースメーカーとして、ヨーロッパの弦楽器奏者に愛されている、ベルグナー氏にヒントをもらったものの、演奏家としての私の八方塞《ふさ》がりな状況はなにも変わっていなかった。このケースがあれば、ヴィオラ・アルタを入れてどこにでも行けると、少し気分が楽にはなったが、相変わらず資料はない。弾いた人もいない。どこにも教えを請うことができないのだ。

しばらく経って、私はあらためて楽器自体を見直すことから始めてみた。この楽器と出会った日には、通常通りの楽器を見る目で眺めていたので細かいところに気が回っていなかったかもしれない。ゆっくり落ち着いて、少しのヒントも見逃さないように観察してみよう。わずかなものでも、その手掛かりを辿っていけば、またベルグナー氏のようにこの楽器のことを知っている人と偶然、出会えるかもしれないではないか。

私はもう一度、楽器の中に貼ってあるラベルに目を凝らした。

ヴィオラ・アルタ（アルトガイゲ）
ヘルマン・リッターモデルを製造することを許可する
フィリップ・ケラー、ヴュルツブルク　１８３２年創立
１９０２年製　バイエルン王国宮廷御用達《ごようたし》商人　Ｎｏ．52

これは素晴らしい発見だ。ラベルの記述からは、次のことがわかる。

この楽器は、一九〇二年に、製造番号52番として製作された。バイエルン王国宮廷御用

達商人で、ドイツのヴュルツブルクで一八三二年に工房を創立した、フィリップ・ケラーという人物が作った、「ヴィオラ・アルタ（アルトガイゲ）」なのだ。

「アルトガイゲ」とは、ドイツ語で「低いパートを受け持つヴァイオリン」という意味になる。ソプラノリコーダーに対して、低い音程のアルトリコーダーが存在するようなものだろう。それが、ヴィオラ・アルタの別名だと考えていいようだ。

ヴュルツブルクは、当時、バイエルン王国の中のひとつの地方であり、ケラーの工房が開かれた一八三二年から、この楽器が製造された一九〇二年までの時期は、ワーグナーの最大の支持者であったバイエルン国王ルートヴィッヒ二世の在位期間（一八六四～一八八六）とも重なる。発明者のヘルマン・リッターがバイエルン王国の然るべき役所に特許を申請して、さらにその認可を得て、「リッターモデル」ともいうべきヴィオラ・アルタを、ケラーの工房がライセンス生産したのだろう。やがて時代の荒波の中に消えていくとはいえ、少なくとも一九〇二年までは生産を続けていたわけだ。

ラベルの中ほどには、バイエルン王国の当時の紋章が一対かたどられている。フィリップ・ケラーは楽器製作・販売に携わる人であることは想像がつくが、その特許らしきものを持っているヘルマン・リッターとは何者なのか。同業の楽器製作者だろうか、もしくは企画立案をするプロデューサーだろうか。はたまた、プロダクト・デザイナーであったのかもしれない。いずれにしても、鍵を握る人物なのはたしかだ。

一方、楽器の形状からも、なにか読み取れることがないだろうか。ヴィオラ・アルタの美しいフォルムは、全体的に円を重ねて描いたような形でできあがっている。ふたつの、少しだけ半径が異なる円を、ずらして重ねている。また楽器を側面から見ると、綺麗な楕円《だえん》の中に収まる形状をしている。表板や裏板が極端に膨れていることはない。正面から見ても、側面から見ても、すべてにおいてシンメトリーが意識されているようだ。

ドイツやオーストリアにおける一七世紀以降の弦楽器は、ほとんどが名工ヤーコプ・シュタイナーの影響を受けている。彼の作る楽器は独特の膨らんだ胴を持っており、バッハやモーツァルトも愛用した銘器をも生み出した。造作も大変美しく、音はフルートのようで、製作当時から非常に評判が高かった。だから、ドイツ語圏の楽器には、多くの場合、そのスタイルの影響が残っているのだ。ところが、この楽器にはそのような古風な雰囲気は一切見られない。それでいて、楽器全体から受ける端正な印象は、やはりドイツの律義な、規律正しさを重んじる文化が息づいていることを感じさせる。

そうして次に、楽器の細部に目を凝らしてみたとき、私はそれまでまったく気がつかなかったこの楽器の「傷痕《きずあと》」に気づいた。自然の、あるいは人為的なアクシデントによる割れなどはなく、すこぶる健康なこの楽器だったが、一か所だけ大きな修理の痕跡《こんせき》があったのだ。

楽器の首の部分、弦を巻き取る糸巻きがねじ込まれている場所を「糸倉」という。この楽器に張られた弦の数は通常のヴィオラと同じ四本だから、四つの糸巻きがあり、糸倉に差し込まれている。しかしよく見ると、この糸倉にかなり大掛かりな修理が施されている。事故ではなく、意識的に改造されたものだ。どうやら、このヴィオラ・アルタには製作当初、五本の弦が張られていたらしい。それを現在のヴィオラと同じように四弦（低いほうからド・ソ・レ・ラ）とするために、五つの穴を埋め、あらためて四つを彫り直しているのだ。

ヴィオラ・アルタは五弦の楽器だった。ならば、五本目の音はなんだろう。ヴァイオリン、ヴィオラ、チェロの隣り合う弦と弦との音の間隔は、完全五度になっている。ヴィオラの一番下のドから五度下のファだろうか。それとも一番上のラの五度上のミだろうか。埋められている穴の大きさは、ほかのものよりひとまわり小さい。ならば、細い弦を巻いたということだから、高いミの音なのだろう。つまり、オリジナルの五弦の状態で、ヴィオラ・アルタの開放弦（弦を指で押さえない状態で弾くこと）は、低いほうからド・ソ・レ・ラ・ミとなっていたわけだ。

つまり、低いほうからソ・レ・ラ・ミと調弦するヴァイオリンと完全に音域を共有することになる。ヴィオラを中心に考えれば、ヴィオラの四弦＋ヴァイオリンの一番高い弦という結果になる。それをなぜまた、四弦に彫り直したのだろう。不具合があったのだろうか、それとも前にこの楽器を手にした演奏者の好みだろうか。

しかし、この発見で、ヴィオラ・アルタの別称が「アルトガイゲ」、つまり「低いパートを受け持つヴァイオリン」であることも理解できた。ヴァイオリンの弦の配列ソ・レ・ラ・ミに、一段低いドを付け加えたと考えれば、その名の通り、低い音も出せるヴァイオリンになる。一方で、「ヴィオラ・アルタ」の語源は、五弦目の存在から類推することはできなかった。

さらに観察を続ける。実は、この楽器には「焼印」が押してある。ひとつは、楽器裏板上部に押された「Prof. Hermann Ritter」の文字。筆の動きが速そうな直筆のサインを模した焼印だ。「Prof.」、つまり教授というのだから、ヘルマン・リッターは当時のどこかの大学の教授だったのだろう。

そしてその上にもうひとつ、円の中でふたつのリベットを結合したようなマークの焼印が押されている。このマークに近いものは、現存する有名企業のロゴとして見たことがあった。ドイツで創業した国際的企業であるボッシュ社のロゴマークだ。調べてみるとたしかに、ボッシュ社が起業した時期とヴィオラ・アルタが開発された年代は重なっているのだが、この焼印がボッシュ社のものである確証までは得られなかった。ロゴマークというものは、デザインが数ミリずれただけでも別のものと認証される場合もある。これはリッター教授が作った独自のブランドマークだった可能性もあるだろう。

また奇妙なことに、この楽器にはいたるところに数字が書き込まれている。決して落書きや職人の消し忘れではない。たとえば、楽器裏面上部にある「47」という数字。焼印ではなく、ニスの下に書かれたものが透けて見えている。おそらく、わざと見せているのだろう。

47の謎はすぐに解けた。これは、裏板の長さだ。あらためて測ってみると、寸分狂わず四七センチ。勘や気分で作らずに、きっちり図面を引いてその通りに作っていく手堅い仕事の証《あかし》だ。

数字はほかにもある。硬い黒檀でできた指板と、それに貼り合わされているネックの部分にそれぞれ「4351」と彫り込まれていた。これも四三・五一センチだろうと、勢い込んでネックの長さと指板の長さを測ってみるも、残念なことに各々二九・八センチと三四・四センチ。今度は単なる部品のシリアルナンバーなのだろうか。だが、ふたつに同じ番号を使っているというのは、これらの部品を組み合わせてひとつの物を作るという意識が働いていたはずだ。そう考え直して、あらためて四三・五一センチになる部分を探した。

すると、指板とネックを組み合わせた先に、その数字はあった。指板の胴側の端から、指板を越えて糸倉を通過し、渦巻き（スクロール）の前までの長さだ。手許には一ミリ以下まで測れる精密な定規がなかったので、後日、借りてきて測ってみると、ぴったり四三・五一センチだった。

渦巻きの前から指板の端までの長さを、ここまで精密に測って作っているということは、やはり細部にまで設計者が神経をとがらせていた証拠だろう。そして、演奏者としては、ここにわざわざ記されている数字が、指板の下端から渦巻きの部分までの弦の長さと一致するという事実も興味深かった。この精緻《せいち》な設計は、明らかに楽器の奏でる音のイメージまでもかっちりと計算しているということなのだ。

木下氏に電話をかけ、書き込まれた数字についての発見を伝えると、氏はそれは楽器の製作過程に関係があるのではないかという。

「寸法が部品の要所要所に書かれていて、それらがすべて寸法通り、かっちり組み立てられているということは、この楽器が大量生産された証拠だと思う。ネックの部分はこの工房、指板はあの工房と、分業することで効率化を図ったために、サイズを明示する必要があったんだね。そうして最後に、ラベルにあったフィリップ・ケラーの店舗で組み上げたのではないかな。それにしても四三・五一センチの謎は凄いね」

ドイツのケース職人、ベルグナー氏が言った、「どれも同じ大きさだ」というのは、このことを指していたのだろう。さまざまな工房に籍を置く、手慣れた職人たちが各々割り当てられた部品を大量に製造し、それを一か所に集めて工房で組み上げる。そのほうが、楽器一丁あたりの価格も抑えられるし、余った部品はまた後日製造される楽器に転用できる。現在でいう「ＯＥＭ供給」の初期の形があったのではないだろうか。その組み上げをフィリップ・ケラーの工房が行い、検品をした上でラベルを貼って「焼印」を押した。この「大量生産」という仮定に基づけば、一九世紀後半以降に相当数の「ヴィオラ・アルタ」が生み出され、まだ世の中に残っているものも多くあるはずだ。私は、この二一世紀にも「ヴィオラ・アルタ」の足跡は完全には消えていないと確信して、もう一度、図書館に急いだ。

ヘルマン・リッター教授

浅草にある私の家から、上野の藝大図書館までの道のりには、日本の西洋音楽黎明《れいめい》期に縁《ゆかり》のある地をいくつも通る。途中、瀧廉太郎《たきれんたろう》先生の銅像が旧東京音楽学校（現・東京藝術大学音楽部）奏楽堂の入り口脇《わき》に建っている。日本最古の洋楽のコンサートホール、奏楽堂が完成した明治二三年（一八九〇）ごろ、日本は西洋の文化様式を怒濤《どとう》の勢いで吸収しようとしていた。明治三四年（一九〇一）、若き日の瀧廉太郎は、本格的な作曲を学ぶため単身ドイツ・ライプツィヒへ旅立った。ヴィオラ・アルタが脚光を浴びていた年代も、偶然だがこの時期と重なる。瀧先生、ヴィオラ・アルタをご存じですか。ヴィオラ・アルタの音をお聴きになりましたか。そう心で呟《つぶや》きながら、図書館へ入っていった。

ドイツ、イギリス、アメリカで出版された音楽事典を机の上に並べる。今までは「Viola alta」のキーワードにしか注意をはらっていなかった。今回は、ヴィオラ・アルタの製造ライセンスを持っているという、「Prof. Hermann Ritter」、つまり「リッター教授」を探すのだ。音楽学者でなければ別な分野で検索すればよい。この時代、バイエルン王国のプロフェッサーはそう何人もいないはずだ。ならば、どこかで見つかるだろう。

私は、各国の音楽事典のページをひたすらにめくり続けた。そしてついに、イギリスで出版された一冊の中に彼の名前を見つけたのだった。事典に書かれた文字を指に染み込ませるように何度もなぞっているうちに、辺りはもう暗くなっていた。

このようにして、リッター教授という人物が次のような経歴の持ち主であることがわかった。

ヘルマン・リッター　一八四九年九月一六日、メクレンブルク・ヴィスマール生まれ。ドイツを代表するヴィオラ奏者。ベルリン高等音楽院にてヴァイオリンをヨーゼフ・ヨアヒムに師事する。その後ハイデルベルク大学にて、芸術学・音楽史論を学ぶ。在学中に楽器史に興味を持ち、アントニオ・バガテッラが一七八六年にイタリア・パドヴァで記した『ヴァイオリン製作の規則』というヴァイオリン製作の理論書に有益な考えを見出して、大きなサイズのヴィオラ製作に心血を注いだ。この新しい楽器はヴァイオリンの音響特性を損なうことなく正確に拡大された。彼が作った新しい楽器は「ヴィオラ・アルタ」と名づけられ、輝かしい独特の響きを持っていた。そこには、鼻にかかった音は存在しなかった。リッターのヴィオラ・アルタは一八七六年に発表され公開演奏された。その楽器はワーグナーの興味を引き、彼は主催するバイロイト歌劇場オーケストラの首席奏者にリッターを招いた。一八八九年、五人のヴィオラ・アルタの弟子とともにバイロイト祝祭音楽祭にて演奏した。またヨーロッパにおいて広範囲にわたる演奏旅行を行い、ヴィオラ・アルタのための数々の作品・編曲を残した。一八七九年、ヴュルツブルク王立音楽院のヴィオラ科と音楽史の教授となる。一九〇五年、リッター四重奏団を組織。メクレンブルク大公により宮廷室内楽団の奏者に任ぜられ、バイエルン王国ルートヴィッヒ二世からは宮廷教授の称号を与えられた。代表的な著作物は、ライプツィヒで一八七七年に出版された『ヴィオラ・アルタ物語』。一九二六年一月二五日、ヴュルツブルクで没する。彼の死後、ヴィオラ・アルタは大き過ぎて弾きにくいという理由で、人気を失ってしまった。現在では弾かれることがない。

私を、言いようのない畏怖《いふ》の念が襲った。もしヴィオラ・アルタが眼前にあれば、正視することさえできなかったかもしれない。リッター教授を本の中に見つけることができて本当に嬉しいのだが、彼の人生、そしてこの楽器が背負うものに圧倒されて、どう理解したらよいのかさえ、わからなかったのだ。

演奏芸術家に与えられた「現役」でいられる時間というものは、おおよそ一定の年数に限られている。弦を押さえる指や弓を操る腕の動きなど、肉体的な訓練は若いときにしかできない。他人の演奏を聴き、多くの楽曲に触れる必要もある。プロともなれば、自分自身、演奏家として舞台で経験を積む時間も必要だ。しかも現在のように、飛行機や新幹線などの移動手段や、CDやデジタル音楽プレイヤーなどといった便利なツールもない時代なら、これにかかる時間はさらに長くなる。

ひとりの人間が、ひたすら楽器を練習し、偉大な奏者になって、のちに作曲を手がけ、生徒を育てて、栄光のうちに人生を終える。そのことに成功した人も、不幸にして失敗した人も、みな限られた時間の中で懸命に活動して、歴史にその足跡を残してきたのだ。

だが、このリッター教授の場合は、演奏の巨匠が努力の末になにかの境地に到達したというだけの人生ではない。楽器の改革者としてもうひとつの歴史を残したのだ。単なる物好きとして、自己満足のために楽器を作ったのではない。ワーグナーという作曲家にその音色を認められ、自らが設計した楽器をオーケストラで演奏させている。リッター教授は、「才能」「努力」「実力」「運」などといった言葉では単純化できない、大きな音楽史上の物語を紡いだ人物なのではないか。このリッター教授の、一生の時間の使い方は尋常ではない。


たしかに、これは過去の人物の物語であり、結局、ヴィオラ・アルタは残らなかった。ただ一瞬歴史の中に散った、どうということもない火花のようなものかもしれない。ヴィオラ・アルタは、ただの失敗作だったのかもしれない。そしてまた、この名前を事典に発見してもなお、解き明かされない疑問はいくつも残されていた。なぜ、彼はヴィオラ・アルタを作ったのか。ワーグナーはヴィオラ・アルタのなにに魅せられたのか。なぜ、弟子たちがいたにもかかわらず、ヴィオラ・アルタは捨てられてしまったのか——。

だがそれでも、私の胸はいまだかつてないほどときめき、高鳴っていた。ヴィオラ・アルタを実際に弾き、その素晴らしさと可能性に心を奪われていたからだろう。かつてヘルマン・リッターという超人的な父に生み出され、ワーグナーという理解者を得たヴィオラ・アルタが、つまらない楽器であるはずがない。とっぷりと日の暮れた図書館で、私はひとり、これからはヴィオラ・アルタとともに歩もうと心に誓っていた。一三〇年余り前にヴィオラ・アルタを完成させたリッター教授が、二一世紀の小さな日本人ヴィオラ奏者の目を覚まさせたのだった。

第三章　ヴィオラ・アルタを弾きながら

最初の南蛮渡来の楽器はヴィオラ？

すっかりヴィオラ・アルタに魅せられて、この楽器とともに歩むことを決意した私だったが、この「知られざる楽器」を世間に認知してもらうには、ただ「こんな楽器がある」と口で言っても仕方がない。まずはこの楽器を弾きこなし、多くの人に聴いてもらって、その音に共感してもらうことこそが重要だ。

私がそんなふうに考えたのは、実は、ヴィオラ・アルタに出会う少し前、二〇〇三年の夏に演奏会のために訪れた、九州・大分での経験もあってのことだった。それは、未知の楽器、未知の音楽と、人々との出会いを考える上では、見逃せないものだったと思う。

二〇〇三年夏の演奏会ツアーは、私にとって特別なものだった。それというのも、私の大切な友人であり、海外での共演ピアニストでもある、マリア・ミクリッチ女史が初来日し、参加してくれたものだったからだ。彼女はレニングラード音楽院（現・サンクトペテルブルク音楽院）出身で、現在はクロアチア共和国に住んでいる。

向かった大分は、私が生まれ育った福岡と同じ九州とはいえ、まったく不案内な土地だった。幼いころ、別府などの温泉を旅行で訪れた記憶が少しあったくらいだった。そこで、訪問前にパラパラと旅行雑誌をめくっていると、ある写真が私の目を惹いた。大分県庁のすぐ近くにあるブロンズ像のものだ。三人の子供とひとりの外国人の像だった。一見、ありふれたモニュメントのように見えるが、音楽家としては大変興味深いものに思えた。

それは、一六世紀半ばに、日本人が西洋音楽とのファースト・コンタクトを果たしたことを象徴的にかたどった、「西洋音楽発祥記念碑」だったのだ。

戦国時代末期、豊後《ぶんご》のキリシタン大名・大友宗麟《そうりん》は、現在の大分市において、外国人宣教師たちから指導を受けた日本人キリシタンの子供たちが奏でる、弦楽器の音を耳にした。その妙なる弦の響き、心高まる調べを、宣教師たちの住む異国ではなんと呼ぶのか。そう問うた大友宗麟に、宣教師は「ムジカ」（musica）と答えた。のちに今の延岡近くに領地を得た宗麟は、臼杵《うすき》の港から三〇〇人ほどの家来を従え、船に乗り新しい領地に降り立った。その土地を宗麟は「ムジカ」への忘れ得ぬ感動をこめて、「無鹿《むしか》」と名づけたともいう。

現在の宮崎県と大分県の県境に近いこの土地に、西洋音楽の種子が遥々《はるばる》伝来し、実りをつけた。その様子を表したブロンズ像だったのだ。

私は案内をしてくださった「大分ヴィオラを聴く会」主宰の荘田啓介氏に連れられて、この碑を訪れた。

並んでいる銅像の子供たちは、まだかなり幼い。小学校低学年くらいだろうか。一列に並んで、なにかを口ずさんでいる。合唱しているのだ。そして、彼らの視線は、外国人宣教師が持っている弦楽器に集まっていた。注目すべきはこの楽器だった。

一般的には、演奏者が立ったまま構えて弾く姿で像を作るなら、楽器はヴァイオリンであることが多いだろう。しかし、この宣教師が構えている楽器は、明らかにヴァイオリンより大きい。間違いなく、ヴィオラをイメージして作ったものだったのだ。

この像には、建立者の次のような文章が添えられていた。


1551年（天文《てんぶん》20年）聖フランシスコ・ザビエルが、ここ府内（大分市）の地でキリスト教を布教して以来、教会、孤児院、病院、学校がつぎつぎにでき、この地は日本最初のキリスト教文化の栄えた町となった。

やがてこの町から美しい賛美歌の歌声が流れるようになったが、わけても1557年（弘治《こうじ》3年）の聖週間には聖歌隊ができ、オルガンの伴奏で賛美歌が合唱されたと、当時の文献は報じている。

また外人神父からビオラを学んだ少年たちは、1562年（永禄《えいろく》5年）7月、領主大友宗麟の前でこれを演奏し大いに称賛を博した。

このような事実を後世に残してくれたことに、西洋音楽の演奏家として、とりわけヴィオラ奏者として、深く感謝するほかなかった。

案内をしてくださった荘田氏によると、近年は、大分でも発掘が進んで、大友宗麟が府内に建てたキリシタン関係の建造物の実態が少しずつ解明されているらしい。それは日本で最初期に建てられた修道院であり、キリシタンたちの生活様式も次第にうかがえるようになってきたとのことだった。

そして、荘田氏はブロンズ像を見ながら、ふと囁《ささや》いたのだった。

「ブロンズ像のヴィオラと、平野さんが弾いていらっしゃるヴィオラ。なにかちがいませんか」

私はあらためて、注意深くその像を見た。そして、「あっ」と気がついた。

はじめこそまったく同じように見えたのだが、ちがったのだ。それは現代のヴィオラではなく、その原型となった「リラ・ダ・ブラッチョ」だった。

リラ・ダ・ブラッチョは、現在ではその演奏を聴くことができる機会は少ない。一五二〇年ごろに形態の完成を見たこの楽器は、一六世紀末にかけて活躍した。主に歌の伴奏として用いられることが多く、面白い例ではレオナルド・ダ・ヴィンチが好んで弾いたことが史実として知られている。

大きさは現代のヴィオラよりさらに大きい。弦は五本ある。現代のヴィオラとの最大のちがいは、その五本に加えて、二本から四本のドローン弦（共鳴弦）というものがついているか、指で爪弾《つまび》くための駒《こま》には張らない弦が脇にあることだ。

楽器は、それぞれ音に個性があるものなので一概にはいえないが、リラ・ダ・ブラッチョは、現代のヴィオラやヴァイオリンのように鼻にかかった音ではなく、よりハープ、ギターのような純粋な発音をする。要するに、ちがう嗜好《しこう》の上に成り立っている楽器なのだ。

「リラ・ダ・ブラッチョ」という名前は、ご覧の通り「ヴィオラ」という言葉とはまったくちがう。「リラ・ダ・ブラッチョ」というイタリア語は、翻訳すれば、「腕で持つリラ」ということだ。「リラ」とは、西洋ではギリシャ、ローマの時代以降、永きにわたって使われた小さな琴を指す。だが、リラ・ダ・ブラッチョの起源がギリシャやローマにあるわけではない。この楽器が発明されたルネサンス期、知識人たちはギリシャ、ローマへの憧れと敬意を持っていた。それでリラという言葉を名前に冠しただけであって、楽器の系統的にはリラと直接の関係はないとされている。

一方、「ヴィオラ」という言葉はどうか。一般的には「ヴィオラ」は植物の「西洋スミレ」の意味で知られているが、アクセントのちがいで弦楽器のヴィオラとなる。言語学的にも、この単語は世の中でもっともバランスのとれた、美しい言葉のひとつではないかと言う研究者もいると聞いた。

ところが、実はこの「ヴィオラ」という楽器、海外では言語圏によって呼び名が大きくちがうのだ。イタリアをはじめ、現在世界でもっとも広く使われている呼称は「ヴィオラ」。だがフランスやロシアでは、人間の声部の呼び名と同じ「アルト」と呼ぶ。さらに、ドイツ語圏では「ブラーチェ」になる。「ブラーチェ」は、リラ・ダ・ブラッチョの「ブラッチョ」がドイツ語的に変容したものだ。この事実をもって、現在のヴィオラの起源はリラ・ダ・ブラッチョであったと考えられるようになった。

リラ・ダ・ブラッチョとヴィオラの歴史を考えていくと、多くの人が疑問に思っているかもしれないある問いへの解答も自然に導き出される。その問いとは、「ヴァイオリンとヴィオラはどちらが先にできたのか。たとえば、ヴァイオリンが最初で、それを大きくしたチェロを作って、その間の音を埋めるためにヴィオラができたのか?」というものだ。現在の演奏の頻度や楽器の知名度から考えれば、このような順番を想定するのはあながち筋の通らないこともいえない。私もはじめは、そう思っていた。

弦楽器の歴史を研究してきたフランスの学者マルク・パンシェルルが、この問いに答えている。前述のように、リラ・ダ・ブラッチョは、一五二〇年ごろにその形態の変化がほぼ完了した。一方、「ヴァイオリン」という単語は、一五二三年、当時フランス南東部辺りにあったサヴォア公国の宮廷の勘定書に、六年後にはフランス宮廷の勘定書に現れている。

さらに、古いイタリア語では、「ヴィオレッタ・ダ・ブラッチョ」という言葉が現在のヴァイオリンを指し、「ヴィオラ・ダ・ブラッチョ」という呼び名が現在のヴィオラを表していた。この事実から、楽器の発達の過程が証明できると、パンシェルルは考えた。まず「リラ・ダ・ブラッチョ」が生まれた。そこから派生したのが、「ヴィオラ・ダ・ブラッチョ」と「ヴィオレッタ・ダ・ブラッチョ」だ。言葉の成り立ちを考えると、「ヴィオレッタ」は「ヴィオラ」から生じた言葉で、「若いヴィオラ、小さいヴィオラ、可愛《かわい》いヴィオラ」などのニュアンスを含む指小辞である。

パンシェルルの説に従えば、楽器そのものも、この言葉の親子関係の順に発生した。まとめれば、「リラ・ダ・ブラッチョ」→「ヴィオラ」→「ヴァイオリン」だ。

だがこの説にしても、厳密には少ない史料と言葉の研究で組み立てられた推論だ。これらの楽器の最初の数世代については、その製作者のことともに不明な点ばかりだと、パンシェルルもほかの多くの音楽学者たちも書き残している。

それに加えて、たとえばリラ・ダ・ブラッチョからヴィオラ、そしてヴァイオリンへと楽器の変形が進んだ移行期に、それらの中間的な楽器を製作していた楽器製作者や発明者の名前といったものが残っていない。これもまた、楽器史上の謎のひとつだ。ある工房が、リラ・ダ・ブラッチョとヴィオラの中間的な機能を持つ楽器を作っていた、というような形跡はどこにもないのだ。

これについて、木下弦楽器の木下多郎氏が面白い話をしてくれた。

一六世紀、イタリアにはブレッシア、クレモナなど、局地的にヴァイオリン生産が盛んな地域が存在していた。それらの地域では、職人たちの親方―弟子という関係よりも、むしろ工房ごとにひとつの大家族のような絆で結ばれて、多くの楽器を製作していた。

その中で、ストラディヴァリの一家が作った楽器と、その門下生にあたるベルゴンツィの一家が作った楽器では、なぜか大きさがちがっていた。製作者の好みの問題といってしまえばそれまでだが、比べてみると一様にベルゴンツィのほうが小さい。とくに、楽器のウエストのカーヴを描くところに大きな差が出ている。なぜだろうか。

親方とともに量産態勢で楽器を作っていた段階では、みな同じなのだから、親方から弟子になにかが伝承された段階で、サイズが小さくなったと考えるのが合理的だ。そのなにかとは、「型」である。ベルゴンツィは、ストラディヴァリが使い込んだヴァイオリンの木型を譲り受け、それをもとに楽器を作った。その型がすり減っていたために、形が小さくなったのだ。

ここからが、この説の核心部分だ。この時代の楽器製作者たちが、そこまで型に忠実だったとすれば、その原型を作ったのは誰なのか。どこかの工房が、「俺たちがヴァイオリンを作った」と標榜《ひょうぼう》したという記録はない。親方と弟子の関係を辿っていっても、その原点には行き着かない。

ならば、そこには職人とはまたちがった立場の、第三者としての企画立案デザイナーがいたのではなかったか。ちょうど時代はルネサンス期。科学、建築、美術、そして音楽でも新しい文化が花開いた時期だ。ダ・ヴィンチのように能力のあった何者かが、未来の楽器「ヴァイオリン」の図面を引き、型を起こして、ストラディヴァリなどに供給したのではないか。そしてその弟分であったベルゴンツィは使い込まれた型を譲り受けた。現代のプロダクト・デザイナーと職人の関係に似ているともいえよう。

楽器を量産する工房による製作ではなかったために、デザイナーが工夫を重ねている間に発明されたであろう、中間的な楽器はみな一品ものの試作品に終わり、後世には伝わらなかった。だが、その目指したものは明らかだ。すなわち、ヴィオラより小型で、広い音域をむらなく発音でき、どんな楽器とでもアンサンブルが楽しめるもの。結果的に、その思いが、数百年経った今でも国境を越えて弾かれているスーパー弦楽器、ヴァイオリンを生み出したのではないか、というのだ。

さて、このように遠く離れたヨーロッパで起こっていた弦楽器の歴史的変遷のドラマだったが、驚くべきことに、それはフランシスコ・ザビエルが苦難の末に辿り着いたあとの日本のキリシタンの歴史とたびたび交差している。

ザビエルは、カトリック教会イエズス会の宣教師として一五四九年八月一五日に現在の鹿児島市に上陸。一五五一年、京都を経て九月に大分に到着している。そして、先に述べた大友宗麟に迎えられて布教を認められた。その折に持ち込んだ「ヴィオラ」と呼ばれた楽器は「リラ・ダ・ブラッチョ」だった。

その年の暮れ、ザビエルは日本を離れるが、その後日本に来て彼の意志を受け継ぐことになった巡察使アレサンドロ・ヴァリニャーノから教育を受けた日本人少年四人が、天正遣欧少年使節として一五八五年にローマ教皇への謁見を果たし、一五九〇年帰国する。このとき彼らは、グーテンベルク活版印刷機と西洋楽器を持ち帰っている。その「西洋楽器」の中に、現在のヴィオラに近い楽器が含まれていた。また、「レベック」というヴァイオリン属に似た楽器（ただし、肩に構えず、抱えて縦に使う）はあったが、現在でいうヴァイオリンは含まれていなかった。

一六世紀半ばのわずか四〇年ほどの間に、楽器のスタンダードがリラ・ダ・ブラッチョから現在のヴィオラに移行していた。同時に、ヴィオラの潜在的な可能性が広がり、それに負けず劣らず輝かしい音の出る高音楽器――つまりヴァイオリンのような――が必要とされる時期になりつつあったのだ。

こうして、大分での公演は、ひとつのブロンズ像から、日本でのヴィオラの数奇な歴史を辿ることができた旅となった。ステージが終わったあとも辺りを案内していただいたが、ここでは「クルスバ」つまり「十字架の場」と呼ばれていた場所に宗教的な遺跡があるなど、ここではキリシタン文化の名残がほうぼうに見られる。私は、キリスト教の布教という強い思いを胸に、西洋から永い時間をかけてやってきた人々の熱情と、彼らとともに遥か日本までやってきたヴィオラの祖先をいとおしむ。そこでは、楽器はひとつの「器」だった。もともとは、遠く離れた異国で樹木として生命を与えられたものが、切り出され、組み立てられて、目的を持った道具となった。それは、長い旅路の心の慰め、祝祭の悦《よろこ》び、離別の儚さを音にして、宣教師たちの思いのすべてを受け止めてきたにちがいない。そして、そのような深い器であったからこそ、日本人にも受け入れられ、「楽器」として今に残った。

ヴィオラ・アルタが、ひとつの器として受け入れられていくには、大友宗麟の心を動かした「ムジカ」のように、その音にこめられた思いを、まず人々に届けなければならない。

こうして、歴史の途絶えた謎の楽器、ヴィオラ・アルタを弾きこなすという難題が、私の前に立ちはだかることになった。

日本初のヴィオラ・アルタ独奏会

いかにしてヴィオラ・アルタの奏法を習得していけばいいのか。

これはただの大きなヴィオラではなく、まったく異なる思想から作られた、ひとつの独立した楽器なのだ。当然、その奏法も一から勉強しなければならない。

先にも述べたように、この楽器については、

ヴィオラがヴァイオリンよりも5度低く調弦されるのに比例して、弦長および胴を3対2の割合で大型化し、指のポジションを4対3の関係に保った……。

という説明が『音楽大事典』にはあった。このような設計がなされたために、ヴィオラ・アルタの弦の長さは、平均的なヴィオラよりかなり長い。とくに、低音の演奏は難しくなる。物理的にいって、押さえる指の開きが大きくなってしまうのだ。また、一音一音の間の幅が広くなるので、少しの指の傾きでも音程が変わってしまう可能性もあった。

これは早くこの楽器の癖を覚えなくてはならない。指が届かないなどという問題はなかったのだが、弦の張力も普通のヴィオラより大きいので、左手で弦を押さえるタイミングと、右手の弓を弾くタイミングの一致がヴィオラ以上に難しくなる。

そもそも、弦の調達についても考えなければいけない。大きめのヴィオラに張る弦よりも、さらに長い弦が必要だった。だが、近ごろではさまざまな弦が売られているので、絶望的というわけでもない。

弓はヴィオラのものをそのまま用いても差し支えなさそうだったが、これにはいろいろな意味で助けられた。弓までがちがってしまうと、弾ませたり、細かい音を弾いたりするときに、弓の癖をつかむ練習をしなければならない。弓は一見どれも同じように見えて、大変気難しい道具なのだ。それまで私が使っていたヴィオラの弓は永年のパートナーで、自分には当たりだと思えるものだった。それが使えるのはありがたい。

こうして、自分なりにヴィオラ・アルタの音を追究すること一年余。二〇〇五年、私は日本ではじめてとなる、ヴィオラ・アルタ独奏の演奏会を企画した。

楽器の鳴り具合と、自分自身の楽器との一体感の問題を考えると、もう少しあとの時期でもよかったかもしれない。だが、お客さまからのリクエストをいただいたこともあって、挑戦してみようと思ったのだ。

このときは、まず日本国内の数か所で通常のヴィオラの演奏会をして回り、その最後に、目黒にある東京都庭園美術館のレトロな雰囲気の中で、「日本で初めてのヴィオラ・アルタ演奏会」を催すことにした。共演者は、大分での演奏会につぐ再来日となった、マリア・ミクリッチ女史だ。

ミクリッチ女史も、ヴィオラ・アルタとの共演ははじめてだった。しかも彼女にとってはいささかいきなり過ぎたかもしれないが、この演奏会では大仕事をしてもらうことになった。というのは、プログラムの中に、アントン・ルビンシテイン作曲の「ヴィオラ・ソナタ」を選んでいたからだ。

このロシアを代表するピアノの巨匠によって作曲された、後期ロマン派の隠れた名曲では、ロシアらしい旋律が心ゆくまで朗々と、ヴィオラとピアノ、ふたつの楽器で歌い継がれる。とくにピアノパートは、作曲者が名ピアニストであるだけに、煌《きら》めく技が求められる構成になっていた。そのピアノの華麗なソロに、ヴィオラで伴奏をつけるところがなんといっても圧巻だ。ピアノという大きな楽器に、ヴィオラがたった四本の弦で対抗するのだ。

実は、この曲は日本の西洋音楽黎明期、国内で演奏された数少ないソナタのひとつであることが最近わかった。明治時代、東京音楽学校の外国人講師として来日したひとりのヴァイオリニストが、この曲を弾いたという記録が残っていたのだ。そのヴァイオリニストとは、ドイツ出身のアウグスト・ユンケル。ユンケルはベルリンフィルのコンサートマスターも経験したことがあり、当時のヨーロッパの音楽事情には明るかった。その彼が東京音楽学校の定期演奏会で、この曲をヴァイオリンで弾いたのだ。

当時、ヨーロッパの音楽出版社では、作曲家の許諾が得られれば、楽譜の出版時にオリジナルで指定された楽器だけでなく、ほかの楽器でも演奏できるような譜面をつけて売り出していた。たとえばこの曲の場合、オリジナルはヴィオラとピアノのためのソナタだが、ピアノ伴奏の譜面はそのままとして、ヴァイオリンやチェロでも弾けるような譜面がつけられている。

ユンケルは、このルビンシテインの「ヴィオラ・ソナタ」のヴァイオリン編曲版を使ったのだろう。だが、ヴィオラ・アルタでは、オリジナルの楽譜を使ってこの曲を演奏することができるのだ。

ヴィオラ・アルタを弾いていて、たびたび受ける質問は、「ヴィオラ・アルタではどんな曲が弾けるのですか。レパートリーはたくさんあるのですか」というものだ。ヴィオラ・アルタのレパートリーは、ヴィオラと変わらない。ヴィオラの曲はすべて弾くことができるからだ。そしてさらに、ヴィオラ・アルタのために作曲された曲を弾くことができる。その意味では、ヴィオラ・アルタのほうがレパートリーは多いかもしれない。ただし、ヴィオラ・アルタのために書かれた曲は、そのほとんどが、オリジナルではヴィオラ・アルタが指定されていることを知らせないまま、短い注釈をつけてヴィオラの譜面として販売されている。

ヴィオラ・アルタのメリットはまだある。

通常ヴァイオリン曲をヴィオラ用に編曲するときは移調が行われ、ヴァイオリンではドで弾かれる音が、完全五度下がってファの音とされる。そうしておけば、ヴィオラでも指使いや弓使いがヴァイオリンと同じになって、演奏の上では楽である。だが、その半面、ピアノのパートも完全五度下がってしまい、伴奏する側には面倒だ。そしてなにより、調性が変われば、音楽のイメージとしては別の曲になってしまう。

調性というのは、作曲においては大変重要な要素で、その曲の色調を決定するものだ。それが変わってしまうのだから、初心者が聴いても別のものとして聞こえるだろう。その点、ヴィオラ・アルタでは、指使いと弾く弦の位置が変わるだけで、うまく編曲をすればヴァイオリンと同じ調性で弾くことができる。もちろん、ヴィオラ的な編曲をしても弾きこなせるわけだから、ヴィオラ・アルタ用に編曲するときには、選択肢がふたつあるわけだ。

さらにいうと、ヴィオラ・アルタは、チェロの音程も一部そのままで演奏できる。チェロとヴィオラは弦の配列が一緒なので、ヴァイオリンからの編曲に比べればもともと楽な部分があるので、これは利点となる。ピアノパートも、そのまま使える。ただし、ヴィオラの音色が活きる編曲をするには、それなりに工夫も必要だ。

藝大に在学していたころ、勉強不足の私は恩師に尋ねたことがあった。

「ヴィオラには、わかりやすい無伴奏曲のレパートリーが少なくて困ります。なぜバッハはヴィオラのために無伴奏曲を作曲してくれなかったのでしょう」

すると機知に富んだ恩師はこう言ったものだった。

「そんなことはない。ヴィオラには、バッハの無伴奏曲が一二組あるよ。無伴奏ヴァイオリンのためのソナタとパルティータが六組、チェロ組曲が六組。それらをヴィオラ用に編曲すれば一二組になるじゃないか」

この発想法は、ヴィオラ・アルタの演奏曲を選ぶ際にも、突破口を開く貴重なものとなった。

「日本で初めてのヴィオラ・アルタ演奏会」のほかのプログラムも、こうしたヴィオラ・アルタの汎用性によりながら組んでいった。最後の曲は、私自身が編曲したフランツ・ワックスマン作曲「カルメン幻想曲」。オリジナルはヴァイオリンだが、将来のヴィオラ・

アルタの技術的な広がりを期待しながら編曲した。

企画自体が日本ではじめての試みであり、また技術的にも挑戦と言える部分はあったが、この演奏会は温かく惜しみない拍手のうちに進み、はや、終演に向かっていた。

アンコールをいただいたとき、私は瞬時ではあったが、ヴィオラ・アルタの音に合う曲はなんだろうと考えていた。言い換えれば、私自身にとってのヴィオラ・アルタの音とはなにか。それは、大空への羽ばたきだ。風を巻き込み、風に乗って、普段生活している街並みを上空から静かに眺める。そのような穏やかな気持ちが急に心から湧《わ》いてきて、林古溪作詞、成田為三作曲の「浜辺の歌」を弾いた。

あした浜辺を　さまよえば
昔のことぞ　忍ばるる
風の音よ　雲のさまよ
寄する波も　貝の色も

ゆうべ浜辺を　もとおれば
昔の人ぞ　忍ばるる

寄する波よ　返す波よ
月の色も　星の影も

私の、ヴィオラ・アルタを究め、広めたいという片思いが、少しばかり成就したと思えた瞬間だった。

その後、東京で催すヴィオラ・アルタの演奏会については、台東区の旧東京音楽学校奏楽堂が拠点のひとつとなった。先にも述べたように、ヴィオラ・アルタがリッター教授の手によって創作され、ヨーロッパの音楽会で活躍していた時代と、日本から西洋音楽を学ぶために幸田延《のぶ》、安藤幸《こう》姉妹、そして瀧廉太郎が海外に渡った時代は重なっている。その時代に建てられた奏楽堂で演奏をすることは、非常に感慨深いものがあるからだ。

ちなみに、奏楽堂の演奏会では、大体プログラムの中に瀧廉太郎の絶筆「憾《うらみ》」を入れている。私自身の手でヴィオラ・アルタ用に編曲した。以下は、ここではじめて演奏した日に配ったしおりに私が書いた、この曲に寄せる解説である。


まず率直に心が締め付けられる思いであった。この作品が、瀧廉太郎が志半ばでドイツから病の為に帰国し、また東京からも離れ親類の残る大分で書かれた最期の作品即ち、絶筆であった事だ。栄誉と誇りそして向学心に燃えた若い志が途中で折れる気持ちは想像に耐え難い。憾、この言葉を作者自身が探し記したように「満足できない……残念である」、そしてドイツ語は“Bedauernswert”。この言葉には上記の邦訳以外に、「すまない。申し訳ない。」との意味が含まれる事を特記しておきたい。当時の洋行留学そして一人の音楽家の歴史的使命感は自己を超えた所にあり、我々現在の音楽家の未だ学ぶべき姿勢である。

「ヴィオラ・アルタ」編曲版においては、当時瀧廉太郎が洋行した時代がヨーロッパにて後期ロマン派の最成熟期にあたりR・ワーグナーが推奨しF・リストが自らのサロンでこの楽器を中心に据え置き、この時代の音色のパレット上を豊かにしヨーロッパで一世風靡した時期に一致する事から、当時のドイツで瀧廉太郎が聴いた音を再現しうるものと信じ私のヴィオラ・アルタ（1902年ドイツ・ヴュルツブルク製）の為に書き下ろした。初演は瀧廉太郎も学んだ当時の洋式建築物で東京都台東区が文化財保護として尽力し、現在にその形を留める旧東京音楽学校奏楽堂にて演奏した。

　時代が過ぎても受け継がれ当時の形を残す「瀧廉太郎自筆譜」「旧東京音楽学校奏楽堂」「ヴィオラ・アルタ」の偶然の時の一致が、楽聖瀧廉太郎の音楽創造の意志を現在に受け継ぎ理解する手掛かりになり多くのヴィオラ・アルタ奏者（ヴィオラ奏者）のレパートリーになれば、私の幸せである。

「忘れられたロマンス」

ヴィオラ・アルタでなにが弾けるのか。その問いに対して、私は日本ではじめての独奏会をやり通したことで、ヴァイオリンやヴィオラの独奏曲をも充分に弾きこなせる楽器であることを確信した。

だが、一方で「はじめからヴィオラ・アルタのために書かれた曲」はないのだろうか、という問いが頭にあった。ひょっとしたら、有名な楽曲の中にも、本当はヴィオラ・アルタを前提として書かれたにもかかわらず、現在ではヴァイオリンやヴィオラで演奏されているものがあるかもしれない。

そう考えたとき、私の脳裡《のうり》にかすかに残っていた、ある記憶が蘇《よみがえ》ってきた。それはずいぶん前、私がまだ学生だったころの記憶だ。ヴィオラのための曲を探して、研究していた若い日、そういえば私は、不可解な記述に出会ったことがあったではないか。

それは、ヴィオラとピアノのための楽曲「忘れられたロマンス」の楽譜にさりげなく書き込まれていた献辞だった。作曲者はフランツ・リスト。日本で売られていた楽譜を手に入れて曲の研究を始めた私は、大学の図書館でヨーロッパで出版された、より作曲家の書いた譜面に近い楽譜を見つけ出した。こうしたよりオリジナルに近い楽譜を見ると、日本で流通している譜面の間違いを見つけたり、なによりも写譜を重ねるうちに省かれてしまった、作曲家の曲想に関するメモのような書き込みが残っていることがあるのだ。
ところが、「忘れられたロマンス」に書かれた献辞は、当時の私にとって不可解以外のなにものでもなかった。

ヴィオラ・アルタの発明者、ヘルマン・リッター教授に

ヴィオラ・アルタ――その言葉に、私はすでに学生時代、出会っていたのだ。楽器店の片隅に眠っていたこの楽器に気づかなかったのと同じように、若い日の私は「ヴィオラ・アルタ」という言葉も、「ヘルマン・リッター」という名前も、深く追究することのないまま過ごしてしまっていたではないか。私はあらためて、リストの伝記の中から、この「忘れられたロマンス」に関する記述を探してみた。
すると、以下のような部分を見つけたのだ。

一八八〇年、音楽出版社がリストにピアノ曲「ロマンス ホ短調」の写譜を送り、再版を打診した。ところがリストは代わりに、ヴィオラとピアノのための新しい曲「忘れられたロマンス」にこの曲を作り直したのだった。

そして、伝記には次のようなことも書かれていた。

リストは、一八七六年八月一三日から一七日の間に、ワーグナーがバイロイトで行った「ニーベルングの指輪」の初演で、ヘルマン・リッターが五弦のヴィオラ・アルタを弾くのを聴いていた。彼はその新しい楽器に感銘を受け、のちに「忘れられたロマンス」をヴィオラとピアノのための曲として作曲したのだ。

馴染《なじ》み深い作曲家リストと、謎の人ヘルマン・リッターがはっきりと交差した瞬間だった。そしてまた、この事実が新しい可能性を拓《ひら》いたのだ。

この伝記の著者は、「忘れられたロマンス」は「ヴィオラとピアノのため」の曲だとしている。私もまた、ヴィオラ曲としての「忘れられたロマンス」に出会った。だが本当に、この曲は「ヴィオラのため」に作曲されたのだろうか。ヴィオラ・アルタに感銘を受け、献辞にまでその名を書き込んだのだから、「忘れられたロマンス」は本来、ヴィオラ・アルタのために作られたと考えるのが自然なのではないか。

ただ、この曲が音域的にも技巧的にも、ヴィオラでまったく無理なく弾けるものであったために、『忘れられたロマンス』はヴィオラのための曲である」という思い込みが広まってしまったのではないのか。

だとすれば、ヴィオラ、あるいはヴァイオリンの曲として知られる曲の中に、本来はヴィオラ・アルタの曲だったものがあるのではないか。その可能性が、「忘れられたロマンス」に添えられたたった一言の献辞のおかげで、目の前に拓けてきたのだ。

多くの曲は、今となっては元来のヴィオラ曲、ヴァイオリン曲との見分けがつかないかもしれない。だがもし、ヴァイオリンやヴィオラで弾いていることで「無理が出てくる」ような曲だったら、どうなるのだろうか?

音色といった印象の問題はさておき、ヴィオラ・アルタとヴァイオリンやヴィオラが物理的に、そして決定的にちがうのは、ヴィオラ・アルタが五弦だということだ。

現在でも、五弦のヴィオラは存在する。それは、クラシックよりもジャズなどの他分野で有名だ。そうしたこともあって、電子ヴィオラには五弦のタイプが多い。

五弦であることは、単純にいって、高音から低音までの奏でられる音の数が多いことにつながる。

そこまで考えたとき、私の頭に浮かんだのはリヒャルト・シュトラウス作曲の「エレクトラ」だった。このオペラが完成したのは一九〇八年。作曲者のリヒャルト・シュトラウスは、ヴィオラ・アルタを寵愛《ちょうあい》したワーグナーの影響下にあった。

この「エレクトラ」には、第一ヴィオラ奏者が、曲中でヴィオラからヴァイオリンに持ち替えて演奏するという、とんでもなく不自然な部分が何か所かある。譜面に忠実に演奏しようとすると、どうしてもそうなってしまうのだ。なぜなら、ヴィオラでは演奏できないはずの高音が、そこに書き込まれているからだ。

そのようなことは煩瑣《はんさ》なので、今日では代替案としてヴァイオリン奏者がこの「ヴァイオリン持ち替え部分」の箇所を弾くことになっている。

私は、「エレクトラ」の楽譜を引っ張り出して、その部分を開いた。するとどうだろう。ヴィオラ・アルタを使えば、なんの苦労もなく弾けるではないか！

作曲したリヒャルト・シュトラウスにしてみれば、実はこの部分は煩瑣でもなんでもなかったのだ。それは彼がヴィオラ・アルタを想定して原譜を書いたからだ。となれば、リヒャルト・シュトラウスあるいはリストと同じように、ワーグナーに影響を受けた時期の作曲家たちが、ヴィオラ・アルタをオーケストラのヴィオラ・セクションに採用することも少なくなかったはずだ。現代の多くのオーケストラがそうであるように、さまざまに大きさのちがうヴィオラが出す、鼻にかかったような渋い響きのヴィオラ合奏がよいか、均一な質の、すべて同じ寸法で作られたヴィオラ・アルタによるクリアな合奏がよいか。それはあくまで趣味と感性の問題で、優劣はつけがたいものだが、いずれにしてもヴァイオリンとヴィオラ、両方の音域をカバーする楽器を前提に作曲が行われていた時期があることはたしかなのだ。

音楽史からヴィオラ・アルタというパーツが抜け落ちてしまったために、理解不能になってしまっている曲は、ほかにもあるのかもしれない。

ヴィオラ・アルタとの関係で、私がもうひとつ、気になっている曲がある。

それは、ヴァイオリンと同じようにヴィオラをも常人を遥かに超えたテクニックで弾きこなした鬼才、ニコロ・パガニーニが作曲した、「グランド・ヴィオラとオーケストラのためのソナタ」だ。

一八三四年の四月に完成し、パガニーニ自身のヴィオラ独奏で初演されたこの曲は、実はその後、歴史の悪戯《いたずら》によって失われた。だが、一九七四年にローマの図書館に保管されていたマイクロフィルムの中から発見され、世間に発表された。有名画家の知られざる作品が発見されると今でも一大ニュースになるが、この発見は、当時ヴィオラ奏者の間でひとしきり話題となった事件だった。

なによりも、一番の謎だったのは、そのタイトルだ。そもそも「グランド・ヴィオラ」とはなんなのか、さまざまな説が唱えられた。

たとえば、歴史的事実として、パガニーニが愛用したヴィオラを作った名工アントニオ・ストラディヴァリは、大型のヴィオラと小さなヴィオラを作っている。大型のほうは、現在のヴィオラよりかなり大きい「テノール・ヴィオラ」だった。

テノール・ヴィオラは、音量はたっぷりしており響きもよいが、その大きさゆえにヴィオラのパートの下の音符を弾いたり、チェロの代わりをするだけに終わったと推測されている。しかしパガニーニのような巧みな演奏家にとって、楽器の大きさは演奏の制約とはならず、普通のヴィオラと同じように自在に弾きこなしたかもしれない、という。つまり、「グランド・ヴィオラ」＝「テノール・ヴィオラ」説だ。

また別の説では、「グランド・ヴィオラ」を「特別なヴィオラ」と解釈する。愛用のストラディヴァリの楽器は、素晴らしく特別なものだ、という意味で「偉大なヴィオラ」とタイトルに冠したというのだ。

だが、興味深いのは「未知のグランド・ヴィオラ」発明説とでもいうべきものだ。

この説によると、まずストラディヴァリのヴィオラを、パガニーニの知り合いでパリの楽器製作者だったジャン＝バティスト・ヴィヨームが完全にコピーした。そして、それに改良を加えて、オリジナルの四弦の上に、ヴァイオリンのもっとも高い音の弦を足し、五弦にしたというのだ。それを彼は「グランド・ヴィオラ」と名づけた、とこの説は主張する。

この説の唱えるグランド・ヴィオラが、ヴィオラ・アルタにそっくりなのは、ただの偶然だろうか。この曲の発表から四十数年後に、リッター教授はヴィオラ・アルタを生み出している。パガニーニのころから、音楽の多様性が広がり始め、それにつれてこのような楽器が必要とされるようになり、そのひとつの完成形として、ヴィオラ・アルタが生まれた。つまり、グランド・ヴィオラはヴィオラ・アルタの祖先または先輩かもしれないと考えるのは、それほど飛躍し過ぎなことではないかもしれない。この時代は、そう考えても不自然ではないほど、音楽の可能性を広げようとするエネルギーに満ちてもいたのだ。

この「グランド・ヴィオラとオーケストラのためのソナタ」が生まれた経緯は、実ははっきりとわかっている。それは、ヴィオラ史における一大転換点となった出会いと競争の物語だ。

ヴィオラ・アルタ誕生前夜

一八三三年、パリにいたパガニーニは、「幻想交響曲」でセンセーショナルなデビューを果たしていたエクトール・ベルリオーズの演奏会を訪れる。ベルリオーズもまた、当時の音楽会では画期的な存在だった。彼の創作の着想は、整然とした音楽の様式から湧き上がるものではなかった。閃《ひらめ》きはいつも、文学・絵画などまったく別の分野の作品から得られていたのだ。「幻想交響曲」も、彼自身の失恋体験をもとにした、自叙伝的な意味合いを持った楽曲であり、その感情は音にそのまま投影された。このベルリオーズの音楽の組み立て方は、のちに「標題音楽」と呼ばれ、多くの追随者に引き継がれている。

ベルリオーズの、型にはまらない創作が達成した偉業のひとつは、オーケストラの音の色彩の研究だった。それまでの、ドイツ的な「純粋器楽」は様式美、均整美を保つために、いつも一定の楽器の編成と、メンバー全員にとって決して無理をしない幅の音域で構成されていた。しかしベルリオーズは、実は熱心なベートーヴェンの擁護者だったにもかかわらず、古典的なものにとらわれることなく自由にオーケストラを扱った。オーケストラで使われるそれぞれの楽器の可能性を注意深く見直すことによって、それまでほとんど試されることもなかったような楽器の使い方を提案したのだ。そうして、ベルリオーズの視線は、ヴィオラという、それまで目立たなかった楽器にも向けられた。

ベルリオーズは多くの著述を残しており、当時の音楽界を知る上で貴重な資料となっている。弦楽器研究家のマルク・パンシェルルによれば、ベルリオーズがヴィオラに見出した特徴は次のようなものだった。

第二、第三、第四弦は「独特のかすれた」音、一番高い第一弦は「悲しくも情熱的な」響き、そして全体的には「深い憂愁に満ちた」音色。

ヴィオラは長い間高く評価されることもなく、オーケストラの音の隙間を埋める役目に徹していた。この内声（中間的音域）の目立たぬ楽器に、ベルリオーズは独自の役割を与える試みを行った。その結果、いかなる効果が得られたか。まず、オーケストラ全体の音量が増した。音色も同様だ。だが、ベルリオーズが感じ取ったものはそれだけではなかった。なんと、音楽そのものだけでなく、舞台芸術としてのオーケストラ演奏にも「奥行き」を与えたのだ。最近の3D映画のように前面に飛び出す感じというよりも、表面から奥に向かって深まっていくという表現が近いだろう。それはたとえば、合わせ鏡の中の、どこまで続いているのかわからない無限の世界に踏み出していくような、不思議な感覚だった。

こうして作られたベルリオーズの音楽を、常人を超えた音楽的嗅覚《きゅうかく》を持ったパガニーニが聴いた。パガニーニはたちどころに、その世界に魅せられたのだ。

演奏会のあと、パガニーニは彼を訪問し、魔術的な響きを持つオーケストラを基調とし、ヴィオラを独奏楽器とした、新しい曲を作って欲しいと依頼をしている。ベルリオーズも、すでに音楽界でその名声が轟《とどろ》いていた鬼才から高く評価されたことに感謝し、作曲にとりかかった。

こうしてベルリオーズは、まったく新しい編成の、オーケストラと合唱とヴィオラ独奏のための幻想曲というアイディアを練って、パガニーニに見せた。ベルリオーズ自身が自分の回想録の中で次のような意味のことを語っている。


私の新しい幻想曲に書かれたソロパートに、パガニーニは不満があるようだった。彼の感性に従うと、独奏部分が少ないことが問題だった。彼の望みは、冒頭から最後の一音までヴィオラを弾き続けることができる曲だった。だが、私自身が意図したのはオーケストラの表現の可能性のすべてを体現する交響的な作品だった。パガニーニにそう話すと、彼は私の説明に納得をし、今回の依頼は断念すると答えた。

結果的に、この交響詩的な幻想曲は完成をみることはなかった。ベルリオーズとパガニーニの芸術上での共演は実現しなかったが、その後、それぞれにまったくちがう形でヴィオラを活用した曲を発表する。一八三四年のことだ。今までその可能性を眠らせていた楽器が、使命を帯びて目を覚ますときがやってきたのだ。

まず発表の口火を切ったのは、パガニーニだった。四月に、「グランド・ヴィオラとオーケストラのためのソナタ」を初演したのだ。

この曲における、パガニーニのヴィオラ演奏は、はっきりとこの作曲者の変化を反映している。パガニーニの初期のヴァイオリン作品などは、技術的に凝っている上に、古典的な細かいニュアンスを必要としていた。だが後期になるほど、その作風は大胆になり、はっきりした色合いが現れてくる。この曲はまさにそのような後期の特徴を色濃く含んでいるのだ。

冒頭、まずミステリアスなメロディのオーケストラから始まる。静寂の中に、不安がひたひたと満ちてくる。とても印象的な幕開けだ。そして静寂の次に、大音響のフォルテッシシシモ（*fff*）が響いたかと思うと、また小さく、聴衆を惹きつけるようなピアニッシシモ（*ppp*）が現れ、そうした動きを繰り返す。これは、聴衆の注意を惹く心理作戦だ。

パガニーニの伴奏オーケストラの構成は、永年の苦労によって身についた、興行的な計算に基づいてもいる。当時のオーケストラは、いわゆる音楽専業の「プロ」ではなく、ほかの仕事をしている人々が兼業して演奏もしているところが多かった。だから、演奏会当日になって、なにかの事情で参加する人数が減っても、ある程度の演奏ができるよう、簡素なテーマにしたのだ。

そして簡単な主題の繰り返しに続いて、颯爽《さっそう》とパガニーニが登場する。まず、なんとなくテーマらしい旋律の入ったレチタティーヴォを奏でる。イタリア・オペラによく見られる叙情的な手法だ。そうして、ヴィオラの持つ幅の広い音域の歌声を聴衆に聴かせたのち、一気に下降の音型を駆け降りる。そのあと、小鳥の群れが一斉に羽ばたくときに口走るような、早口の鳴き声を模倣したトリルが使われている。小鳥の喧騒《けんそう》が治まり、平穏な風景に戻るや否や、パガニーニの独壇場となる即興的な「カデンツァ」が始まる。

パガニーニのカデンツァは、単なる独奏の時間ではなかった。そこには、人間の狂気が入り乱れていた。最初は、子供に昔話を聞かせるような優しい語り口を選び、序奏にあった簡素な主題をなぞる。そこにバッハ的な対位法で、主題を二重三重に重ねていく。そうしてでき上がった宗教曲のような敬虔《けいけん》な調べを、突如として鞭《むち》のようにしなる右手の弓さばき、そこから生み出される人工的なパッセージ、特徴ある減音程によって奈落の底まで突き落とす。到達するのは、地底の暗闇だ。聴く者は、暗闇に沈んだ湖の上を、オーケストラが奏でる優しい三拍子のリズムの船に乗せられ、パガニーニという船頭の歌うバルカロールに身を任せるほかない。そこには、心地よい眠りが待っている。

次にくるのは、連続する一弓で奏される無数のスタッカートだ。昼下がり、積み上げられた本の横に置いてある、飲みかけのシャンパンの気だるい泡立ちに似ている。グラスの内側で立ちのぼる一筋の泡は、やがて緩い螺旋《らせん》を描き始める。

ここからは、夢の物語の創作。胸を張った英雄が、馬上から兵士を鼓舞する。パガニーニ得意の軍隊風変奏曲だ。パガニーニは、第二主題として軍隊風のテーマを持ってくることが多いのだ。最初はおろおろとして心を揺さぶられているが、後半からは勝利を目指して堂々たる行進を始める。さまざまなテクニックを使った短い変奏を経て、最後に竪琴《たてごと》のようなアルペッジョを掻《か》き鳴らす。そのとき、主題を奏でるのは、なんとオーケストラだ。パガニーニひとりが、オーケストラの伴奏をし、幕切れは今まで使ったメロディの断片を組み合わせた高度な和音奏法で押し切る。

この「グランド・ヴィオラとオーケストラのためのソナタ」は、一部の音が極端に高かったり、カデンツァがスケッチ程度しか書かれていなかったりする。それもそのはず、パガニーニは、ほかの演奏者に自分の曲を弾かせないために高度な技術を盛り込んだり、自分の技の秘密を守るために、大事な部分を楽譜に書くことをしなかった。この短いスケッチにしても、現在のヴィオラの奏法では実現できないと考える演奏者が多く、レコーディングや公開演奏でもこの部分を避けたり、同じ和音で低くアレンジして弾いている例が多い。

しかし、その短いスケッチにこそ、パガニーニが求めた未来のヴィオラの姿があると私は考えている。それはかつて、イタリアの無名の少年が、この曲を演奏会で弾くのを聴いた経験によるものだ。

学生時代、私が世界のヴィオラ奏者の卵たちとともに、海外でのセミナーに参加したときのことだった。学生同士とはいえ、プロを目指す新人音楽家の有望株というのは、すでに国境を越えて名が知られているものだ。セミナー中、たびたび行われる参加者の演奏会では、二〇歳前後の若手がライバル意識に静かな火花を散らす。だがその中に、私としてはまったくノーマークだった、一〇歳かそこらの少年が混じっていたのだ。

彼は、なんの手も加えずに、オリジナルの譜面通りに演奏した。聴衆の雰囲気は、たとえ彼が音を外そうがさして気にするふうでもなかったが、その短いスケッチに入った途端に、劇的に変わった。それは誰もが、縁の下の力持ちだったヴィオラが、妖艶な微笑をたたえた魔性の女に変わったことを感じたからだろう。その演奏にはもはや音楽というより、音符をちぎり捨てるような狂気に満ちていた。嵐が通り過ぎたとき、聴衆は一様にため息を漏らした。

私は、パガニーニのヴィオラへの読みは正しかったとその瞬間に確信した。ヴィオラ独奏にこれだけ高度な技巧を凝らし、その妖艶な肢体を垣間見させたことで、つつましやかで引っ込み思案な乙女だったヴィオラを変貌させる歴史的な楽曲だったといえよう。

そして同時に、ヴィオラそのものが、さらにクリアな音質を持ち、ヴァイオリンとひとつながりになった楽器になったとしたら――つまり、ヴァイオリンの最高音の弦も持った「グランド・ヴィオラ」になったとしたら――、ヴィオラの可能性はもっと広がるかもしれない、とこの時期の誰かが考えたとしても、不思議ではないのではないだろうか。

ちなみに、晩年のパガニーニはベートーヴェンの弦楽四重奏曲をこよなく愛し、仲間を集めて演奏したが、そのときには決まってヴィオラを弾いたと伝えられている。

さて、一方のベルリオーズは、どのようなヴィオラ独奏曲を完成させたのだろうか。先に述べたような経緯からいえば、スタート地点においてはパガニーニの同志だったといえるベルリオーズだが、同じ一八三四年に発表された作品は、まったく趣向の異なるものだった。

この偉大な作品は、四楽章からなるヴィオラ独奏つき交響曲で「イタリアのハロルド」

と題された。新しい楽曲形式だった「標題音楽」の完成を、真の意味で世に知らしめた作品でもある。基礎となった物語は、詩人ジョージ・ゴードン・バイロンの「チャイルド・ハロルドの巡礼」だった。ベルリオーズは、この長大な物語詩から啓示を受けたのだ。

主人公のハロルドを、ヴィオラが主題のメロディとして演じる。「ハロルドのテーマ」は、目に映るものすべてを、あるがままに体全体で受け止めることのできる、純粋無垢な精神を持った冒険者を表す。今でいえば、ハリウッドのアドベンチャー映画に出てくるような、一見垢抜けない青年だが、さまざまな難局を切り抜けるヒーローといえば親しみを持っていただけるだろうか。ベルリオーズの音楽は、ヴィオラをそのような一人格に見立て、いろいろな場面に登場させていくのだ。

第一楽章は「山におけるハロルド、憂愁、幸福と歓喜の場面」、第二楽章は「夕べの祈《き》禱《とう》を歌う巡礼の行列」、第三楽章は「アブルッチの山人が、その愛人によせるセレナード」、そして第四楽章「山賊の饗宴《きょうえん》、前後の追想」。このタイトルからだけでも、わくわくするような冒険譚《たん》をハロルドが経験していく様子を音楽として表現していることがわかる。

この曲は、技術的には難しくないという人も多いが、オーケストラとの共演でハロルドの声を充分、会場に響かせるためにはヴィオラの基礎的な実力が必要になる。パガニーニの作品が求める高度な技術とはちがった意味で、弾きこなすことは大変に難しい。また、物語の共演者であり、そのほかのキャラクターも演じているオーケストラとの完全な調和が求められる曲なので、主人公を演じる独奏者といえども、指揮者の意図に沿って音楽を展開しなければならない。だが、その協調がうまく噛《か》み合ったときの達成感は、ひとつの演劇の公演をやり通すように大きなものとなるのだ。

記録によると、この曲の初演には、当時、ヨーロッパ中からパリに集まっていた、驚くほど豪華な文化人たちが臨席している。リスト、ショパンといった音楽家たちに加えて、ユゴー、デュマといった作家の名前も見える。ベルリオーズが当時、最先端を行く注目の芸術家だった証左だが、こうした人々がヴィオラ独奏の嚆矢《こうし》となった演奏会を訪れていたことを考えれば、ヴィオラがその後も独奏楽器としては世に認知されずじまいだったことが不思議でならない。

しかし、その作曲の妙が与えた影響にはたしかなものがあった。演奏を聴いたリストは、自らの超絶技巧を盛り込んだこの曲のピアノ版を作り、ヴィオラ独奏をつけてサロンなどで演奏した。フランツ・リスト——先にも述べたように、このリストが、のちに、ヴィオラ・アルタとその発明者リッター教授とに深く関わることになるのだが、そのことについてはあとでもう一度触れたい。

とにかく、この二曲が発表されてから、少なくとも意識の高い音楽家たちにとってのヴィオラのイメージは、大きく変わったといっていい。有名な、個性の強いふたりの音楽家が、同時期、集中的にこの楽器のための作曲をしたことで、その後もさまざまな作曲家たちの手によってヴィオラ独奏曲が作曲されるようになった。

同時に、オーケストラにおけるヴィオラパートの重要性も認識されたといっていい。ワーグナー、リスト、ブラームス、リヒャルト・シュトラウスなどが、大事な旋律をヴィオラのパートに任せるようになった。大変難しい旋律をヴィオラに与えることで、オーケストラにおいても、ヴィオラ奏者に名人芸的な要素を求めるようになったのだ。

そう考え合わせれば、パガニーニとベルリオーズによるヴィオラの再発見は、クラシック音楽全体においても、表現の幅を広げたといっても過言ではない。

そうして、その時代の流れの先に、ヴィオラ・アルタは生まれたのだろう。

音楽家の「故郷」

音楽や楽器の多様性が求められる中で、ヴィオラ・アルタが生まれた時代、つまり一九世紀後半に、作曲者たちが楽器に求めた音色が、どのようなものだったかを推理する手掛かりとなるポイントがある。

私には、ヴィオラ・アルタに出会う前から、ヴィオラ独奏の演奏会を開く際に、気をつけていることがあった。それは、演奏する曲目の選び方だ。

ヴィオラの発展史を考えると、二〇世紀に作曲されたレパートリーに重要なものが多い。パウル・ヒンデミット、ベラ・バルトーク、ドミトリー・ショスタコーヴィッチなどが作曲したヴィオラのための作品は、どれも深い精神性を追究した、厳粛かつ荘厳な作品だ。これらの曲は、既存の音楽を知りつくした上で芽生えた、それぞれの独自のスタイルによって成立している。

だが、私は特別にそれらを主役にした企画でなければ、こうした曲をプログラムに入れるのは控えようと思っていた。なぜなら、ヴィオラ独奏をはじめて聴く人たちに、「この楽器は難しい」という印象を持たれるのを避けたかったからだ。

その代わり、一九世紀に作られた、現在ではほとんど忘れ去られたような面白い曲を紹介しようと心がけていた。一九世紀の楽曲は、適度に素朴で、どこか懐かしく、親しみやすいメロディの宝庫である。その源泉となったのは、音楽家たちの「フォルクロア」だ。

ほんの一握りの例外を除いて、一九世紀までの音楽家たちは、その人生において旅を続けている。生まれた土地で育ち、祖先から受け継いだ社会、文化を発展させて、次の世代に伝え、その土に還《かえ》る。そのような人生が、昔から多くの人の理想であった。しかし、当時は現代以上に、文化芸術の情報や人脈といったものがウィーン、パリなどの大都市に集中しており、よき指導者、マネージメントをしてくれる人物、大パトロンに出会うには、そこに行くしかなかった。

志を持った若者が、片道だけの路銀を頼りに、然るべき人の紹介状を携えて、大都会に出てくる。いくら才能があっても、最初から思い通りにはならない。技術的に優れ演奏の巧みな人材はいくらでもいたし、恐るべき天才少年、少女も数多くいた。現在のような録音、放送のメディアが登場する以前のクラシック業界は、生でのステージ力が求められる過酷な場所であり、一芸に秀でた名人は、毛皮のコートを着た興行師に連れられて、神懸かったような舞台を創り上げていた。価値観の相違はあれど、誰もが演奏中、ふと、自分は音楽家として大都会で生き残り、生涯それを職業としていけるのかという疑問が脳裡を過《よぎ》っただろう。

そんな環境の中で、音楽家たちは自分の創作の中に、故郷のフォルクロアのメロディを取り入れた。それは、見ず知らずの人々が築いた社会で自分の出自をたしかめ、己のアイデンティティを本来あるがままの姿で表現するための、ささやかな抵抗であったかもしれない。

前節で登場した鬼才パガニーニにしても、超絶技巧を多用する奔放さを受け止め、楽曲を空中分解させずに安定させていた土台は、楽器に対する深い理解だけではない。彼の曲の根底に流れるメロディは、まるでイタリアの港町の、粗い塩水に漬けられた鰯《いわし》と小麦の匂《にお》いが残るパスタのような、彼の故郷の香りだといっていい。地中海の陽《ひ》を充分に吸ったオリーブのオイルで和《あ》えたそのパスタには、その土地の気取らないワインが似合う。そういう、素朴なフォルクロアの鼻歌なのだ。

パガニーニと同時代を生き、同じく文化の中心地パリで活動した人物の面白い言葉が残っている。彼の実力を認めていた、ドイツ出身の名ヴァイオリニスト兼作曲家ルイ・シュポーアが自伝に記した言葉だ。

パガニーニの左手と、正確に保たれた抑揚は、私を驚嘆させた。しかし、彼の作曲と演奏には、非常に天才的な部分と子供っぽく味気ない部分が奇妙に混在していたのだ。それは人によっては魅力的にも映り、あるいは失望感も与えるものだった。

パガニーニの「子供っぽさ」の中には、当然、彼が子供時代を過ごした、洗練されないイタリアの空気が含まれていたはずだ。パガニーニの作風をして「都会的なジプシー」と称する人がいるのも、彼がヴァイオリン独奏にフォルクロアを取り込み、それを成功させたゆえのことかもしれない。

大都会、文化の中心地で認められることを夢見ながらも、それぞれの民族、国家、宗教といったものを強く意識した時代。それが、ヴィオラ・アルタ誕生前夜のヨーロッパを取り巻く空気だった。遥か東方の日本で、そうした音楽に向き合うためには、演奏者も自分自身のフォルクロアを意識しながら、ぶつかっていかなければならないだろう。

私にとってのフォルクロアとは、なんだろうか。

もとは九州で生まれた私だが、今は東京・浅草に住み着いている。下町の人情に触れる心地よい空間だ。言わずと知れたことながら、浅草・上野を擁する台東区は、家伝一芸の職人の多い地域であり、気風のよさと粋な言葉、そして祭りで一年が過ぎる。自宅での練習を終え、夕暮れになると、時折どこからともなく小唄や三味線の音が聴こえる。そんなときには、ふらっと外を歩きたくなるものだ。

ああ今日も柔らかい風が吹いているな、などと思いながら、やおら銭湯へ出向く。家風呂も楽でよいが、ここはいっちょう外風呂だ。壁には、枝を伸ばした松に、雄大な富士山。そして大きな湯船が待っている。

下町の風呂は少々熱いのだが、慣れてくると、それしか体が受けつけなくなるから不思議だ。昔からの常連客は、控えめにだが、お気に入りの節を口ずさんでいることが多い。

年齢もまちまちだから、曲目もいろいろだ。詩吟を吟ずる人、往年の名優鶴田浩二のメドレー、軍歌、「ザ・ベストテン」全盛時代の歌謡曲などが、かすかに聞こえてくる。

私はというと、気づくとなぜか無意識のうちに、ワーグナーの「ニュルンベルクのマイスタージンガー」で騎士ヴァルターが歌う、「朝はバラ色に輝いて」（ヴァルターが歌合戦で勝利を得る歌）をなんとなく歌っている。

銭湯での開放感に論理的な意味づけはできないが、楽劇「マイスタージンガー」の舞台が、一面ではドイツ職人の正しき姿を表していることを考えれば、ここ下町でも同じ心意気を感じるために、歌ってみたくなるのかもしれない。そういえば、「マイスタージンガー」は、ワーグナー唯一といってよい喜劇的な作品でもあり、洒落も利いている。古典落語の一席のようでもある。

ある日も、この楽劇の一場面を思い浮かべながら湯につかっていると、どこからともなく、とても上手な心地よい旋律が聞こえてきた。あれはたしか、初のヴィオラ・アルタの演奏会の二年前、二〇〇三年のことだったと思う。隣のジャグジーに座る、銭湯でたびたび会っていた気さくな常連さんの口からだった。「兄さんよく会うねぇ」と、気軽に声をかけられることが多いのも下町のよいところだ。この人は、聞けば戦後に東北から出てきて、苦労の末に商店を興し、今でも商いを続けているという方だった。

「小さい孫が来て、うるさくてしょうがねえや」と、湯船でほころんだ顔を洗い流していた。こういう笑顔を見ると、下町に住んでよかったなぁとつくづく思う。温まった体に服を着終えて下駄《げた》を履いていると、「一杯行くかい」と背後から声をかけられた。

店に行く道すがら、はじめて着いた上野駅で、生地を離れた寂しさと、大都会での生活に対する希望とが胸に入り混じったときの話をポツリポツリ語るのを聞いた。

上野駅には、ほかの駅にはない、どこか独特の雰囲気がある。日本の大都市には珍しい、外国の駅のような引き込み線。折り曲げられた電車止めがずらりと並ぶ。行き止まりの線路は哀しいけれど、そこから続く、都会の硬いコンクリートのホームに降りてしっかり歩み出す場所だ。歩いた数だけ人に出会える。出会えば自分も嬉しいし、出会った人も嬉しいだろう。嬉しさを出会った者同士で仲よく分け合うのだ。そうして時には寂しささえも分かち合えるから、出会いは素敵なのだ。調和のとれた舞台演奏とお客さまの関係も、出会いのひとつなのだから同じことがいえる。

銭湯からぶらり歩くこと十数分。「あぁ、いらっしゃい」と声がかかる。糊《のり》の利いた暖簾《のれん》の手触りは風呂上がりにぴったりだ。檜《ひのき》の使い込まれた和風カウンター。メバチマグロの赤身を肴《さかな》に、冷えた瓶ビールを飲んでいたら、一緒に入った常連の人が「そろそろ」と言う。「あいよー」という返事に、もうお勘定かと思ったら、マスターが大きなホーナー社製のアコーディオンのベルトを肩にかけていた。

前奏と思われる、短い節を弾き始める。すると常連さんは、自分の間合いで気持ちよさそうに歌い始める。力むわけでもなく、今日一日の自分のために歌うのだ。マスターの奏でるアコーディオンの、絶妙な合いの手が歌い手の長所を引き出す。「今の曲はなんですか？」と野暮な私はマスターに聞く。

「津軽あいや節だよ。昔は、日本海側も船での交通の便がよかったんだ。あいや節はそういう港町を転々と歌い継がれて、最後に津軽で残ったんだよ。もと歌はたしか、九州のものだっけ」

なんとそれでは私の故郷ではないか。これが縁で、私はかっぱ橋本通りにある店「とし子」へ通わせてもらうようになった。

後日、そのマスターから、浅草木馬館で民謡大会があるから来ないかと誘われた。それまで木馬館大衆劇場は、浅草寺へのお参りの折、奥山おまいりみちを通るときに外から眺める程度であった。いつも目を惹くのは、大衆演劇一座の、今となっては物珍しい手書きの大きな飾り看板だ。

私は子供のころから、こういう旅一座の雰囲気が大好きだった。次回公演の予告看板までもが手際よく仕立てられ、一か月間ぐらい舞台が続く。千秋楽には、役者たちが観客を小屋の外まで送り出し、盛り上がりは頂点に達する。だが翌日には、すべてが撤去されトラックとともにどこかに消えていく。あとに残るのは寂しさと、来年を待ち遠しく思う気持ち。祭りと同じく、時の流れに節目を作る、興行の原点がそこにはある。

誘いを受けて木馬館の中に、はじめて入った。さほど大きくはないが、使い込まれた床、座席、舞台。ここが長い間、この地域の娯楽文化の中心だったことを物語っている。

舞台が始まり、綺麗に刺繍《ししゅう》が施された緞帳《どんちょう》がゆっくり上がっていくと、驚いたことに、そこには「とし子」のマスターが、タキシード姿で立っていた。決して目立つようなことはしないが、滑らかな、ウイットに富んだ名司会者ぶりだった。

その会の中心は高齢な安来節《やすぎ》の師匠で、味のある特上の節回しで観客を魅了していた。舞台芸術で求められるのは、究極的には「人としての味わい」だ。途中から、マスターもマイクをアコーディオンに持ち替え、司会と伴奏両方をごくごく自然にこなしていた。

私はただ、そのマスターの素晴らしい芸風に、感動を超えて勉強させてもらっていた。舞台が終わると、周りのお客の話から、私が「マスター」と思っていた人が、どういう人であるのかがわかった。芸名では今三次《いまさんじ》師匠と呼ばれ、この木馬館で行われる安来節公演では永年の名司会者であり、多くの民謡レパートリーを持つ巧みなアコーディオン奏者だったのだ。師匠の巧みな司会話芸は、「聴いて得する日本の大衆芸　下町浅草・演芸の街」

（キングレコード）というCDでも、浅草木馬館の華やかなりし時代の演奏の数々とともに聴くことができる。木馬館を守ってきた経営会社、興行主、多くの師匠、観客たちによって築き上げられた歴史は、日本のフォルクロアの伝統そのものだ。

演奏家として、楽曲の中に息づいている作曲家たちのフォルクロアに注目し続けてきた私にとって、この下町のフォルクロアは自分の演奏の重要なヒントであり、遅ればせながら気がついた、日本人演奏家としての原点でもあった。


その後も店に立ち寄ってはマスター、もとい今三次師匠から、いろいろな話を聞いた。浅草がその中心地でもあった漫才から、音楽の話まで話題は尽きなかった。戦後、演芸場などがすべて焼けてしまった中でも、木馬館だけはどうにか残り、いろいろな出し物を観ることができたという。オペラから落語、漫才、浪曲、新劇など、あらゆる分野の人々が同じ舞台に立っていた不思議な時代。現在各分野で広く知られている師匠たちが、下積み時代にどれほど苦労をしたか、そしてまた、彼らがどんなに抜け目なかったか、云々《うんぬん》。

中でも、クラシックに近い音楽の話題で面白かったのが、今三次師匠のアコーディオンの世界だ。民謡のような人の声や尺八など邦楽器には、アコーディオンが一番、相性がよかったという。たしかに鍵盤楽器は、一般的にいって発音できる音の数が多く、またそれらを同時に弾くことによっていくつもの和音を生み出すことができるので、伴奏楽器としては適している。だがなぜ、アコーディオンだったのか。

もちろん最初に考えられるのは、持ち運びの便利さ。単純だが、紛れもない事実だ。だが、師匠の言葉から考えてみると楽器としての特殊性もたしかに存在する。アコーディオンは、蛇腹になったふいごで空気を送り、音を出す。その発音は、人間の声や尺八など、息遣いによって生み出される発音のタイミングと、折り合いが非常にいいらしい。

「けれども、面倒なのは、『ちょっと高めに』とか『低めに』とか言われることだね。白い鍵盤で弾きゃあいいところに、黒い鍵盤がいっぱい混じってくるんだよ。それがいっとう、面倒なんだよ。しかし、それが腕の見せどころでもあるんでね。もう癖がついちゃってんだよ」

ハ短調が変ロ短調になるだとか、そんなしょっぱい知識はどうでもいい。生きるために磨かれた芸には小難しい理屈など必要ないのだ。

思えば、クラシックの優れた演奏家たちも、その多くは「理論」が先に立っていたわけではない。みな俗にいうよい筋の「手癖」を持っている。それは実地で生まれるものであり、訓練を超越して、舞台での演奏の行方を見据える本能的な感覚だ。浅草の大衆芸能は、今三次師匠のように、優れた手癖を持つ人々によって受け継がれてきた。

「ところで新しい東京タワーどこに建つんだろうねぇ。また旅がしたいねぇ」

そんな話をしながら、穏やかな浅草の夜が過ぎていった。

第四章 ヴィオラ・アルタの謎を解く

『ヴィオラ・アルタ物語』という書物

ヴィオラ・アルタの演奏家として歩み出した私だが、この楽器が背負う歴史の謎は、依然として高い塀のように目の前に立ちはだかっていた。

そのため、私は、ヘルマン・リッターが著した『ヴィオラ・アルタ物語』を、どうしても読んでみたかった。一八七七年にライプツィヒで出版されたというこの書物は、少なくともある程度の部数は商業印刷されたのだから、海外の図書館に行けば保存されているかもしれない。

早速、インターネットの検索エンジンを駆使して調べてみたが、意外なことに大きな図書館で収蔵しているところは皆無だった。私は考え方を変えて、世界の主要都市にある古い楽器や音楽家の手紙、楽譜などを扱うアンティークショップをターゲットに検索を続けた。日本でいうならば、旧家の家系図、古文書などを神田古本街に探しに行くようなものだ。

はじめに、ヴィオラ・アルタの出身地、ドイツから調べてみた。だが、そう簡単には見つからない。ほかの国の店も含めて、メールでの問い合わせを一斉に送信した。文面はどれもさして変わらない。

「ヘルマン・リッター」という著者の書物の在庫はあるか。なるべくだったら未開封のものをお願いします。

未開封にこだわったのは、洋書の場合、開封済みの古い書籍にはページが欠損していることが多いからだ。かなうことなら、リッター教授の言葉は一言一句、見逃したくない。そして、晴れて手に入ったあかつきには、その本になんらかの保存処置をして、永く後世に残せるようにしたいと考えていた。

数日後、意外なところから連絡が来た。アメリカ、ニューヨークのカーネギーホールにほど近い、ハドソン川沿いの店からだ。その店の名は、「ウーリッツァー＝ブルック」。あなたの探している本だと思われる在庫があるので、コンディションを細かく書いた書類と写真を送る、とのことだった。

ウーリッツァーの名は、アメリカの楽器史上、大変に有名なものだ。弦楽器、オルガン、ジュークボックスなどの製造販売をシンシナティで始め、大きな成功を収めた企業なのだ。ここを通して、フリッツ・クライスラー、ダヴィッド・オイストラフ、アイザック・スターンなど、多くの名ヴァイオリニストたちが銘器を購入したことでも知られている。
連絡をくれたのは、なんとその一族が営んでいる音楽関係のアンティークショップだった。やがて、資料と写真が送信されてきた。まったく破れも折れもない美品。完全な未開封品だ。店主からのメールには「お探しのものはこれでよいですか。どうして、この本が必要なのですか」という質問が添えられていた。私はいくぶんかの期待もこめて、こう返信した。

はい、これです。間違いないと思います。私は、一三〇年前にヴィオラ・アルタという楽器を作ったヘルマン・リッター教授の足跡を追っています。これ以外にも、楽器や、関係した資料などがお店にありませんか。
ブラームス、ヨアヒム、ワーグナーの書簡や楽譜は残っていますが、リッター教授に縁のあるものは、探してみたけれどもありません。「ヴィオラ・アルタ」という名前もはじめて聞きました。

これだけ有名な店でもほかの手掛かりはなし。しかし、奇跡的にこの本は残っていた。さらに問い合わせてみたが、本の入手経路など、細かいことはわからないとのことだった。

もちろん、私はすぐに『ヴィオラ・アルタ物語』を注文した。たまたま、CNNのニュースで、ニューヨークが記録的な大雪に見舞われているという中継を見ていたら、店主からの返信が来た。

雪で郵便局に行くのも大変だったけれど、送りました。ニューヨークに来るときは、ぜひそのヴィオラ・アルタを見せてください。

かくして、ヘルマン・リッター著『ヴィオラ・アルタ物語』が手許《てもと》に届いた。開封してまず、ヴィオラ・アルタと『ヴィオラ・アルタ物語』をソファーの上に並べた。ふたつとも同時代にドイツで生産され、一度はアメリカに渡って、最終的に日本に到着し、下町浅草の我が家のソファーで並んでいる。感極まって、涙が出るのを通り越し、笑いがこみ上げてきた。ついこの間まで「失われた楽器」だったヴィオラ・アルタの物語には、もう湿った重い話は必要ない。細々とではあっても、今から歴史をもう一回、始めればいいのだ。リッター教授が天国からソファーの上のふたつを見たら、私と同じように大笑いしていただろう。いや謙虚にいえば、こんな私がこの時代の持ち主となっても、大笑いしてもらえたなら、この上ない光栄だった。

いよいよ『ヴィオラ・アルタ物語』を開いてみる。想像通り面白い。その内容は、この章全体を通して少しずつ紹介していこうと思う。

もうひとりのヴィオラ・アルタ奏者

二〇〇五年の、日本ではじめてのヴィオラ・アルタ独奏会以来、私は「ヴィオラ奏者」ではなく、「ヴィオラ・アルタ奏者」と名乗るようにしていた。少しでもこの楽器が認知されるように、自分の演奏と言葉でヴィオラ・アルタの情報を発信し続けた。そうした演奏を聴いてくださったお客さまのひとりに、永年、歌謡曲などによる音楽イベントを企画している、大手事務所・プロダクション尾木の尾木徹氏がいらした。

「あなたの、この楽器を広く世間に知らせたいという思いはよくわかりました。私なりの考え方で、『ヴィオラ・アルタ』に協力しましょう」

そう声をかけてくださったのは、二〇〇七年のことだ。数日後、ひとつの企画を頂戴した。それは、二〇〇〇年に「『だから、ことば』大募集」という松山市のイベントで市長賞を受賞した、桂綾子さんの作品「恋し、結婚し、母になったこの街で、おばあちゃんになりたい！」をもとに作られた曲、「この街で」にまつわるものだった。作詞を新井満《まん》先生、作曲を新井先生と三宮《さんのみや》麻由子先生が合作し、新井先生自身によってCD化もされた。その曲を歌手の城之内《じょうのうち》早苗さんが新たにCD録音し、布施明さんもコーラスで参加したという。

企画は、そこにヴィオラ・アルタによる前奏、オブリガート、後奏を加えるというものだった。

私は心から感謝した。ヴィオラ・アルタが現代の日本で「メジャー・デビュー」しようというのだ。レコーディングもスムーズに終わり、二〇〇八年二月、「この街で」のCDが発売された。

一方、『ヴィオラ・アルタ物語』を読み込み始めた私が、次の一手として行ったのは、インターネット上で「ヴィオラ・アルタの情報求む」という呼び掛けを流し続けることだった。

いくら著書を手に入れても、私のドイツ語の能力にも限界があるだろうし、古い言葉が使われているために、正確な理解を得られない部分も出てくるだろう。そしてまた、この楽器を研究した結果とそれに根差した演奏が、どのような評価を受けるか知りたかった。海外の楽器研究者や、この楽器に縁のある人々に会って、意見の交換をしたかったのだ。

そしてなにより、ヴィオラ・アルタが一三〇年の時を超えて、遥か遠くの日本でひとりの音楽家の生きる証になっていることを、楽器の故郷ドイツ語圏の人々に知ってもらいたかった。

私は、砂漠にアンテナを立てて宇宙からのメッセージを待つ天文学者よろしく、さまざまなところに書き込みを続けた。すると、情報がポツリポツリと届き始めた。

サンフランシスコの中学校の先生からは、この楽器はなにか、という問い合わせのメールをもらった。写真を見ると、紛れもなくヴィオラ・アルタだ。学校の授業では、チェロとして利用していたらしい。スイスの女性からは、「この楽器は『ヴィオラ・アルタ』と書いてあるけれど、あまりにも大きくて自分が弾くのに不便なので、ネックを切って使いたい。修理するところを教えてください」というメールが来た。私は慌てて返信した。「ヴィオラ・アルタは寸法が大事です。切ってしまうとバランスが崩れ、その音を表現できなくなります」。危ないところだった。だが、ヴィオラ・アルタが世界中に散逸しながらも、まだかろうじて残っているとわかっただけでも収穫だった。

さらに二〇〇九年の夏になって、私にとっては望外の嬉しい出来事があった。前年にCDが発売された「この街で」が、NHKの歌謡番組で生放送されるので、ヴィオラ・アルタの演奏をぜひ披露して欲しいと声をかけていただいたのだ。

生放送で、曲は私が弾くメロディから始まる。普段の演奏会でも、もちろん弾き始めから本番なわけだが、やはり電波に乗って日本中の人に届けられると思うと、格段に緊張した。

こうして、私が内心、ひやひやしながらも無事に乗り切ったこの番組によって、ヴィオラ・アルタは日本ではじめて、放送クレジットを獲得することになった。おそらく、世界でもはじめてだったのではないか。

楽器の歴史に新しい一ページを加えることができたのではないかと心躍らせていた私は、久しぶりに外でひとっ風呂浴びて、かっぱ橋本通りの店、「とし子」の暖簾をくぐった。冷えたビールにありついて幸福に包まれたとき、マスターの今三次師匠がしんみりと言った。

「放送見たよ。よかったねぇ。あなたも今からだ。ところでね、残念だけど、店、閉めるんだよ。今日はねぇ、家、掃除してたら、ずっと使ってなかった羽織と帯が出てきたんだよ。よかったら使ってよ」

私はその人情に、すっかり参ってしまった。綺麗に折りたたまれた羽織と帯をいただいて、「とし子」最後の日を、常連の人々の歌と師匠のアコーディオンで愉しんだ。演奏する師匠の後ろ姿を見ていると、なぜだか父親を思い出した。店を出て、「とし子」と書かれた白いちょうちんを、何度も何度も振り返りながら帰った。

私は、ほかにもヴィオラ・アルタを持っている人がいないかを、アメリカやスイスの持ち主にも探してもらった。だが、それ以上の具体的な反応は乏しかった。やはり、ヴィオラ・アルタの現存する数は少ないようだ。ストラディヴァリのように三〇〇年も前に作られた楽器ではなく、一九〇二年までは確実に大量生産されていたはずなのに、なぜもっと見つからないのか。同時期にできたヴァイオリンなどは、いくらでも残っているではないか。

私は、オークションの履歴も調べてみた。だが、今まで有名なオークションで売買されたヴィオラ・アルタはわずか一丁しか記録にない。

これは、行き止まりかもしれない。あきらめが頭をもたげそうになったとき、妙にフレンドリーなメールが見知らぬオーストリア人から送られてきているのに気づいた。

私は、オーストリアのグラーツに住む、ヴィオラ・アルタ奏者です。インターネットの検索エンジンで"viola alta"と入力したら、日本人のあなたの名前が第一位にきたので驚いてメールをしました。私は、ヴィオラ・アルタの歴史を研究しています。しかし、オリジナルの楽器は博物館でしか見たことがなく、使っている楽器はレプリカなのです。ヘルマン・リッター教授のことは知っています。彼の人生を知っていますか。一度会ってお話がしたいのです。そして、あなたが持っているヴィオラ・アルタが、本物であるかどうか確かめたい。こちらに来ることがあったら連絡をください。一緒に、リッター教授の没後約八〇年ぶりとなるヴィオラ・アルタだけの演奏会を企画したいものです。

送り主の名は、カール・スミス。アメリカ出身、私より一〇歳年上で、オーストリアのグラーツフィルハーモニー管弦楽団所属のヴィオラ奏者だった。私は勢い込んで、これまでのヴィオラ・アルタ研究の経緯を伝えた。彼は大変に驚いていた。無傷の、オリジナルの楽器が日本に渡っていたこと。リッターの著書がニューヨークで見つかったこと。彼によると、ヴィオラ・アルタのオリジナルの楽器は、ヘルマン・リッターの死んだ一九二六年以降、ほとんど製作されていないそうだ。一時期はワーグナーの影響下にあったオーケストラが、ヴィオラ・アルタを団の楽器として保有していたが、第二次大戦期にその多くが被害を受け、その後は「大き過ぎる」という理由で、「なにもヴィオラ・アルタでなくてもよかろう」という気運が高まり、忘れ去られてしまったというのだ。せっかく戦火に耐えた楽器も、ネックや胴を切って寸を短くし、ヴィオラとして市場に出されたということだった。ドイツが生んだドイツ人のための文化のひとつが、こうして葬られたわけだ。

一時は消えかけていた私のヴィオラ・アルタに対する探究心は、カール・スミス氏とのやり取りで、すっかり勢いづき、再び燃え上がった。動植物にも「絶滅危惧種」という言葉があるが、戦火を逃れて日本に渡ってきたこのヴィオラ・アルタを守らなければと、音楽家としてだけではなく、なにかまったくちがう使命感までもが湧いてきた。

今や、スミス氏というもうひとりの仲間ができたのだ。一度ヨーロッパへ行って『ヴィオラ・アルタ物語』に書かれた場所をすべて調査し、ヘルマン・リッター教授の足跡を明らかなものにしよう。彼が暮らしていた土地の空気を吸えば、少なくとも今以上にわかることがあるだろう。

私はこの決意をスミス氏に伝えた。スミス氏もまた、大変興奮していた。そうして数日後に、彼の手になる最初の、素晴らしい謎解きをメールで送ってきてくれた。それは、彼が私のヴィオラ・アルタの写真をつぶさに研究してわかったことだった。

あなたが持っている楽器は、大変運がいい。本当にラッキーな一丁だ。なぜなら、その楽器にはメーリング社の駒がついている。メーリングは戦前、デンマークにあった有名な楽器メーカーだ。それがなにを意味するか。これは私の推測だが、真実とさほど遠くはないだろう。

一九〇二年、あなたのヴィオラ・アルタはヴュルツブルクで誕生し、ドイツ国内のオーケストラで弾かれていた。そして第二次大戦が始まったころに、演奏者と一緒にコペンハーゲンに避難したのだ。そこから、彼らはアメリカ大陸に渡った。所有者が亡くなって、その持ち物は古道具として骨董屋に買い取られたのだろう。そしてアメリカの楽器店が遺品の中から楽器だけを回収し、そのままにしておいた。戦後時間が経って、日本の楽器店が輸入して、今あなたの手許にあるのではないか。

響き合う不思議な「唸り」

乗車しているインターシティーが、グラーツの駅に近づいてきた。二〇一〇年の夏、私の旅の目的は、愛すべき「その楽器」のお供だ。

スミス氏の言う通りなら、誕生から約一〇〇年経っての里帰りということになるわけだが、この楽器とて、目覚めて起きたところが時代を超えた極東の異国、日本だったのだから驚いたことだろう。けれども、楽器はひとりでは歩けない。江戸時代の駕籠《かご》よろしく、ケースの中でゆっくり寛《くつろ》ぎながら、懐かしい土地への旅を愉しんでいるのではないか。私はどこへでも、そしてどの時代にまでも、愛すべき「その楽器」を運ぶ覚悟でいる。

列車は静かにグラーツ中央駅に入っていった。私は、楽器ケースの持ち手をしっかりと握った。ケースの中は、リッター教授の人生で満たされている。ヴィオラ・アルタと『ヴィオラ・アルタ物語』。いよいよすべてが始まる。もう一度その名を世に知らしめるのだ。

グラーツは、ヨーロッパでも歴史ある土地のひとつである。その名前の由来は、町にある古い砦《とりで》だ。いにしえの情景を心に描きながら駅構内を歩き進むと、ペーター・コグラーによる現代アートが天井一面に広がっていた。水銀の固まり同士が結合、分離をするような、コンピューターを使って描かれた不思議な現代美術だ。歴史的なもので埋めつくされた世界に、いきなり新しい創造物が紛れ込む。そういう面白さがグラーツのアートシーンだった。

予約したホテルに着くと、そこもかつては古風なたたずまいだったと想像される建物だが、グラーツ工科大学のデザイナーのアイディアで余計なものをすべて取り去っている。家具もそのほかの調度も、シンプルな美しさを重視して構成されていた。

だが、そうしたしつらえにも、このときばかりは落ち着いて目を向けていることができなかった。いよいよカール・スミス氏という、もうひとりのヴィオラ・アルタ奏者と面会するのだ。立ったり座ったり、やらなくてもいいことをやってしまう。演奏会を前に緊張して、楽屋で練習し過ぎたときのことを思い出していた。

電話が鳴った。フロントからだ。転がるように降りていくと、全身をがっちりと鍛え上げた、隆《りゅう》とした体格の紳士が立っていた。最初の、挨拶代わりの言葉は「ヘルマン・リッター」だった。お互い、完全にヴィオラ・アルタに魅入られていた。何回ものメールのやり取りで、お互いの仕事や、ヴィオラ・アルタの手持ちの情報などは伝え合っていたので、この対面に際しては、特別な準備をする必要がなかった。

スミス氏は、あなたにいいニュースがあるので聞いて欲しいと言った。私が到着する前に、バイロイトのワーグナー協会に行って、今回のヴィオラ・アルタ演奏会の企画を報告してきたという。「もちろん、事務所だけではなくワーグナーのお墓にも」と。

私は感激し、この世界に仲間がいてくれたことにあらためて感謝した。練習開始は翌日からと決めていたので、今日はまず祝杯をあげようという話にまとまった。彼は、数日前から考えていた、とっておきのコースがあると私を車に乗せた。

最初に訪れたのは、「武器庫」だった。守備隊の鎧《よろい》、武具が整然と並び、恐ろしく綺麗に磨かれている。グラーツは、古代ローマにまで遡《さかのぼ》るというその歴史の中で決して敵に屈したことがない、勇敢さを旨とする都市であったことを、スミス氏が誇らしく説明してくれた。次には、この街出身の有名人たちの生家だ。最初は、世界的指揮者カール・ベーム。彼のウィーンフィルとの名録音は、どれも忘れられない。端正な指揮をする人の家は、たたずまいにもそのような感じがするものだ、などと言いながらその前を歩いた。

そして、スミス氏は、「実はもっと有名な人物がいるんだ」と笑って、さらに車を走らせた。少し郊外に出ると、辺りは暗く静かだった。彼は一軒の家を指し示して、「ターミネーター」と言った。ハリウッド俳優からカリフォルニア州知事にまでなった、あのアーノルド・シュワルツェネッガーの生家だ。実は、スミス氏はヴィオラの修業をする前に、ボディービルのジムに通った経験があった。なるほど、今でも立派なその体は、身長一九〇センチで腕も太い。彼は、若きシュワルツェネッガーと同じジムに通っていたのだという。

「やっぱり夕暮れはビールでしょう」と、万国共通のフレーズを私が口にすると、スミス氏は快く同意して湖畔のレストランに直行した。猟師風料理の鹿肉の燻製《くんせい》を口に運んでいると、スミス氏は夕闇に緑色に浮かぶ湖を指差して言った。

「私は、ヴィオラ・アルタの音は白鳥だと思っている。静かに湖面をすべり、優雅に羽ばたく。ヴィオラ・アルタの『アルタ』は、『アルト』のように古いとか低いという意味ではなく、リッター博士が『アルト』という言葉を変化させて、『最高の、選ばれた』というニュアンスをこめたのではないか。実際、『アルタ』とあとから改名したという言い伝えも残っている。白鳥を見ていると、その意味するところがなんとなくわかる」

スミス氏がヴィオラ・アルタに目覚めたのは、二一世紀になってからだった。彼はヘルマン・リッター作曲の楽譜を偶然見つけ、それがなんであるかを調べているうちに、「ヴィオラ・アルタ」という楽器に行きあたった。しかし、誰に聞いてもその実体がわからないままで、ようやく見つけたオリジナルは博物館の収蔵品だったそうだ。彼は博物館から楽器を借り受け、寸法を測って楽器製作者に依頼し、コピーを作ってもらった。それが彼のヴィオラ・アルタだった。それぞれ、ひとりきりで取り組んできた時間の隙間を埋めるように、お互いしゃべり続けた。月光が緑の湖面を照らし出していた。

次の日は、数週間後に行う、二丁のヴィオラ・アルタによる演奏会の初練習だ。その日、最初のジョークは、なんとふたりとも同じ楽器ケースを持っていたことだった。聞けばスミス氏も、ヴィオラ・アルタを入れるケースのことで困り、私と同じベルグナー氏に注文したという。なんたる運命的な偶然だろう。

最初の音合わせは、彼の仕事場であるグラーツ歌劇場で行った。グラーツ歌劇場は一八九九年に建築された、オーストリアで二番目の規模を誇る壮麗な歌劇場だ。中を案内してもらって印象的だったのは、透明な強化アクリルの橋で結ばれた舞台と別棟だった。舞台装置を別棟で組み立て、橋を渡ってそのままスピーディに舞台に届けられるのが強みだという。大きな仕掛けも、舞台に運び込むためにトラックなどを使わずにすむ仕組みになっている。古い歌劇場と、近代的な別棟のコントラストが面白い。

練習室に入って、いよいよ最初の音合わせだ。お互い、相手の楽器がどんな音を出すのか楽しみにしていた。自分以外の演奏家がヴィオラ・アルタを弾くのを、ふたりとも聴いたことがないからだ。ピアノの短い前奏が始まった。ふたりが同時に、ヴィオラ・アルタに張られた弦に弓を置いた。そして、ヘルマン・リッターが二丁のヴィオラ・アルタのために編曲した、ミハエル・グリンカのノクターン「別れ」を弾き始めた。

たちどころに、ひとりのときとはちがう、別の響きが鳴り響いた。スミス氏は目で、「これだ」と合図を送ってくれた。そこから聴こえてきた音は、むせび泣くような響きの、弦楽器的な音ではまったくなかった。管楽器の澄み切った、抜けるような音にも似ているが、なにかがちがう。もう少し低い、唸りのようなものを肌で感じていた。

弦楽器を演奏していて、はじめて感じる唸り。共振といってもいいだろう。これは一体、なんだろうか。そこで私は、はたと気づいた。それは、まさにパイプオルガンの響きにそっくりだったのだ。

無数のパイプが組み合わさっている巨大な楽器、パイプオルガンでは、演奏されるとき、基本的にひとつの音に対して一本の管に空気が送り込まれている。だが、その音の振動はほかのパイプにも共振を与えるので、いくつもの音が重なった、独特の広がりを持つ音色が生まれるのだ。

ヴィオラ・アルタもまた、完璧なまでに計算されつくした、ドイツ的で澄み切った発音をする楽器でありながらも、楽器と奏者の体の共振や、壁などに当たって返ってくる間接音をうまく取り込み、パイプオルガンのような重層的な音を生み出すのかもしれない。楽器が二丁になったことで、共振が高まり、一層音の特徴が明確になったのだろう。ならば、リッター教授が計算したヴィオラ・アルタの響きは、これまでにも独奏で感じてきた、明瞭で澄み切った、突破力のあるものだけではなく、複数が集まったときには、共鳴することで膨らみを持つ、さらに存在感の強い音になるのではないのか。

そう思うと私は、譜面台の上に置かれた、見慣れたはずの楽譜たちが、今までとちがったデザインに見えてくるような感覚にとらわれた。そしてますます、リッター教授が目指した「本当のヴィオラ・アルタの音」を見つけたいという思いに駆られた。

スミス氏との練習は順調に進み、大きな問題もなく終わった。スミス氏は、私がこのあとなにをするかを知っていた。私の手許には、ヨーロッパの鉄道網、ユーレイルパスの二一日乗り放題のチケットがあった。この機会にまとめて、リッター教授に縁のあるヨーロッパ中の場所を訪れて、なにかしらの足跡を見つけようと思っていたのだ。

だが、スミス氏はこれには不思議と消極的だった。彼自身、以前に調べて回った際に、大きな失望を味わったからだった。ドイツの主要な都市は戦時中に大変なダメージを受けた。とくにリッター教授が活躍したヴュルツブルクをはじめとする街は、ほとんど灰と化したので、戦前の記録はなにも残っていないことを彼は知っていたのだ。

それでも私は、この旅が完全な空振りでもいいと思っていた。リッター教授が吸ったであろう空気に触れ、彼が辛苦の末に楽器を世に出した場所に立つだけでもよかった。私は、スミス氏とあらためて握手を交わした。この屈強な同志が、同じヨーロッパの土の上にいて、すぐに連絡がとれるというだけでも力が湧いたのだった。

「ヴィオラ・アルタはやめたほうがいい」

ヨーロッパで困ったときには、クロアチア共和国の首都ザグレブを訪れる。これが私の習慣だ。クロアチアが独立して間もないころから、私とこの国との縁が始まった。ヨーロッパに行ったら必ず訪れているので、今では知人も多い。だがなんといっても、この二〇一〇年の時点ですでに一五年来の付き合いがあった、クロアチアを代表する国民的作曲家ミロスラフ・ミレティッチ氏が私の心の支えだった。

私がはじめてお会いしたころは、すでに演奏家としては引退していたが、現役時代は名ヴィオラ奏者として名を馳《は》せていた。ドイツ出身の、ヴィオラ奏者としても名高い作曲家パウル・ヒンデミットと師を同じくしていた時代もある。また、チェロの巨匠アントニオ・ヤニグロ、日本でも有名な指揮者ロブロ・フォン・マタチッチにも師事した。

旧ユーゴスラヴィア時代に結成した「プロ　アルテ・ザグレブ四重奏団」では、ヨーロッパ、アメリカ、ソヴィエトなど世界中を回る年間一〇〇回もの公演という契約を結んだという。ショスタコーヴィッチとも交流があり、弦楽四重奏一五番の初演にミレティッチ氏が立ち会った際には、握手をしたあとにショスタコーヴィッチが振り返って後ろを向いたとき、彼の背中に死が見えたという。ミレティッチ氏は、彼の死を予感していたのだった。

私とミレティッチ氏は師弟関係にあり、ある時期からはミレティッチ氏の作品の初演を任されてきた間柄だった。作曲家としての彼の作品は、クロアチア人らしい純粋な旋律と活気に満ち溢れている。

彼が最初に世界に認められた一九五八年発表の「ヴィオラ協奏曲」は、オランダのガウデアムス財団から輝かしい作品として表彰されているし、一九六〇年には映画音楽「ピコ」でヴェネチア映画祭のゴールデン・ライオン賞を受賞している。

コンクールの課題曲の依頼も多数あって、ミュンヘン・コンクールのヴァイオリン部門のために作られた課題曲「ダンツァ」は、ヴィルトゥオーソを要求する名曲として演奏家たちに記憶されている。

私は、ミレティッチ氏の「ヴィオラ協奏曲」の改訂版を、クロアチアで「アドリアの真珠」と呼ばれる美しい都市ドゥブロブニクで録音したこともある。そして二〇〇一年、私はミレティッチ氏をはじめて日本に招聘《しょうへい》した。その後、クロアチア共和国から、ミレティッチ氏の手になる「ヴィオラのためのララバイ〜子守唄」が日本の皇太子殿下ご夫妻に贈られた。これは敬宮《としのみや》愛子殿下ご誕生と両国の国交樹立一〇周年を記念してのことだった。その際、私とクロアチアを代表するピアニストであるマリア・ミクリッチ女史による演奏録音をつけて献上させていただいた。

グラーツを発って四時間でザグレブに到着した。そこには、見慣れた懐かしい顔が待っていた。ミレティッチ氏とマリア・ミクリッチ女史だ。待っていてくれる人がいるというのは、なによりの幸福だ。ところが、列車を降りるとすぐ、ミレティッチ氏が言った。

「ヴィオラ・アルタはやめたほうがいい」

信じられない。なにを言っているのか。いきなりの言葉に、かなりのショックを受けた。その場ではそれ以上、ヴィオラ・アルタの話題に触れることもできないまま、ザグレブの代表料理「チェバプチッチ」（クロアチア版ソーセージバーガー）の店に行って、強い酒を呑《の》みながら聞いた。

「ヴィオラ・アルタを弾くのが、なぜ悪いのか教えて欲しいです」

すでに家族のような関係になっていた私は、失礼も顧みず勢い込んでいた。すると、ミレティッチ氏は、まるで孫に話すような親しげな口調で話し始めた。

「実は、私はその大きなヴィオラ、ヴィオラ・アルタが使われた時代を知っている。ここザグレブでも、ワーグナーを弾くときには使っていた。だが、これはあくまで噂だが、大きな楽器を弾くとそれに比例して心臓が大きくなるそうだ。そして、酒量も増える。まったく体にいいことがない。もうひとつの問題は、オーケストラで小さいヴィオラを弾いても、そのような大きなヴィオラを弾いても報酬が同じだということだ」

やめたほうがいいと断言した割には、かなりの冗談が混じったような話だった。なんだ、あの発言も彼のご愛嬌だったのか。私は、いいジョークの小話ができたと思って、笑いながら杯を重ねた。

だが翌日、二日酔いの頭を小突きながら、昨日ミレティッチ氏の口から出たある有名オーケストラの名前を思い出し、ホームページを開いて仰天した。そこには各楽器の説明があり、もちろんヴィオラのコーナーもあった。その最後にはなんと、ヴィオラ・アルタの記述があり、私がこの楽器の謎を追い始めた当初に得られたような、大筋の歴史が書かれている。私が思わず仰《の》け反《ぞ》ったのは、その最後に書き添えられた一文だった。

「当オーケストラでは、ヴィオラ・アルタの採用をしていません。その楽器は体を害する恐れがあります」

ここまで言われては、最近受けた健康診断でも私の体にはとくに悪いところがなかったことを明言しておく必要があるだろう。ヴィオラ・アルタが体に悪いという根拠は、どこにも示されていない。なぜ、そのような文言が有名オーケストラのホームページにわざわざ書き込まれているのか。そして、なぜミレティッチ氏は開口一番、ヴィオラ・アルタはやめたほうがいい、と言ったのか。そこにはなにか別の事情が――戦後、この楽器の生まれ故郷ドイツの楽団にさえ、ヴィオラ・アルタを捨てさせ、顧みさせなくなったような理由が、あるのではないか。

覗いてはいけない歴史の深淵《しんえん》の気配にどことなく落ち着かない思いはしたものの、このときのザグレブ滞在もまた素晴らしいものになった。ミクリッチ女史とミレティッチ氏は私のリサイタルを企画してくれていた。そのためにミレティッチ氏が、新しい曲を用意してくれていたのはとりわけ嬉しかった。無伴奏ヴィオラのための曲「クロアテスカ」（クロアチア風）だ。そう考えては僭越《せんえつ》だろうが、この曲は私の嗜好も考慮してくれている上に、面白いテクニックを使うので、とても舞台栄えのする曲だ。

リサイタルでは、その曲を最後に弾いて、舞台を降りた。すると、かなり高齢の男性が私のところへやってきて、何気なくこう言ったのだ。

「懐かしいなヴィオラ・アルタ。もう一度、弾いてみたいよ」

そのまま男性は行ってしまったが、私は内心、衝撃を受けていた。この国では、やはりたしかにヴィオラ・アルタが根づいていた時期があったのだ。では、その痕跡はなぜこうまでも完璧に消えてしまったのか。

ザグレブを離れた私は、リッター教授の生まれたヴィスマールを目指した。列車の旅はふらっといろいろなところに立ち寄れるからいい。さらに、ヨーロッパの鉄道は国境を越え、言語圏が変わったり、街並みの変化を味わったりしながら、移動できる。だからこそ、いつまでも人気があり続けるのだろう。

プラハからベルリンに行く間の食堂車では、エルベ川の舟遊びを見ながらゆっくりと寛ぐことができた。旧東側諸国から出発する国際列車の食堂車は、木材がふんだんに使われて、赤を基調としたカラーコーディネートになっている車両が多い。椅子もビロード張りの古風な作りで、座り心地も雰囲気も抜群だ。この旅で車窓から見た旧東ドイツは、昔とは様子がちがっていた。背の高い建物がだいぶ増えたようだ。やがて遠くにベルリン中央駅が見えてきた。巨大で透き通ったアーチ型の屋根の下に、三層構造になった駅がある。その各階には線路がずらりと並んでいる。まったく、最近のベルリンには圧倒されるばかりだ。ブランデンブルク門付近も、昔と大きく変わって、完全に新しい都市計画が進行中だ。昔からこのようにして、ベルリンは時代の流れとともにその姿を変えてきたのだろう。

ベルリン中央駅から支線に乗り換え、三時間かけてヴィスマールに到着した。バルト海に面した、小さな港町だ。ヘルマン・リッターは一八四九年、この街に生まれた。

市街地をゆっくりと歩く。こんな街を故郷に持って、旅に出て再び帰ってくるのはさぞかし素晴らしいことだろう。試みに、役所に行ってみた。文化・観光課に行って、「ヘルマン・リッター」の名前を出してみる。予想した通り、誰も知らない。やはり戦争で記録がなにもなくなってしまったのだろう。

あらためて街に出ると、一際目を惹いたのがレンガ造りの教会だった。聖マリエン教会で、塔の高さが八〇メートルもあり、一四世紀のレンガ建築技術がうかがえる。貴重な史料だというが、戦争の残酷さがここにも爪痕を残していて、現在でも完全には修復されていない。建物の中では、この教会がどのようにして建てられたかを立体的な画像を用いてわかりやすく説明していた。まず、同じ形と品質のレンガを大量に焼く。そしてその製品を一定の規則に従って並べていく。最初は、建物の中心となるドーム部の先端からとりかかる。大掛かりな道具を使わずとも、数本の定規で円や三角形を結びつけることで、建物全体の構造を導き出している。すべてが規則的だ。その規則さえ守っていれば、同じ品質の建造物を別の場所に建てることすらできるだろう。この律義さと設計に対する冷徹な熱情こそ、ドイツ的な職人芸の根幹にあるものではないか。

リッター教授は、ベルリンで名ヴァイオリニストのヨアヒムに師事したのち、ハイデルベルク大学でアントニオ・バガテッラの著書『ヴァイオリン製作の規則』に出会っている。その理論からリッター教授が導き出した理想の弦楽器の図面は、一八八五年に彼が出版した『ヴィオラ・アルタ物語』の追補版にその一部が収められており、やはり円と三角形を組み合わせただけの驚くほどシンプルな造形だった。ヴィオラ・アルタもまた、この教会のようにドイツ的なる冴《さ》えきった知性の上に作られた楽器なのだ。

余談だが、私は『ヴィオラ・アルタ物語』に描かれている図面を縮小し、名刺に印刷している。あるとき、藝大のデザイン科の先生と同席させていただく機会があり、名刺を交換したのだった。すると、その先生は会議の間中、私の名刺をためつすがめつご覧になっていた。会議が終わると、そのデザイン科の先生はこう言った。

「これは、あなたがお描きになったのですか」

「いいえ、ちがいます。これはヘルマン・リッターという人が設計したデザインです」

「実は、私はこれを見ただけで、楽器の音の大きさ、音色、音幅などが浮かんでくるのです。これは秀逸ですよ」

私は、自分が褒められたようで嬉しかった。

ヴィスマールは小さいが、昔ながらの趣があり統一感もある建物が並んで、見ていても目の疲れない懐かしさのある街だった。現代的なベルリンとはまったく対照的だ。ここを離れてベルリンに向かった、若い日のリッター教授は、どのような思いで旅をしたのか。旅心は蜃気楼のようであり、磁石の同じ極同士のように、ある場所を思う気持ちは、そこに近づくと離れてしまう。ずっとここにいたいと願う安住の気持ちと、旅に出たいと思う心。人はなぜか、旅から帰ってきて時間が経つと旅先を懐かしみ、また旅に出たくなる。そうして安住の地を離れると、途端に寂しく、悲しくなる。

かつて私が、作曲者がヴィオラに求める音色を知るために、さまざまな作曲家の作品を研究したとき、生地を離れてパリやウィーンに集った音楽家たちが、その作品に自分の故郷のフォルクロアを託していることに気づいたことはすでに述べた。だとすれば、リッター教授がヴィオラ・アルタにこめたものは、冷徹な規則性と調和、昔ながらの頑固さに支えられた、ドイツ的なるヴィスマールの思い出ではなかったか。リッター教授の発明にかけた思いもまた、そういう揺れる心が求めた彼なりの癒しであったのかもしれない。

ワーグナーの賞賛

港の見えるヴィスマールのカフェで、私は列車の時間待ちをしていた。カフェ備えつけのテレビには、バイロイト音楽祭の模様が映し出されていた。ドイツの夏の音楽祭で世界的にももっとも注目される、あまりに有名なフェスティバルだ。演奏家にとって、バイロイトで演奏することは大変名誉なことであり、憧れでもある。リッター教授もヴィスマールを出て、発明したヴィオラ・アルタをワーグナーに認めてもらい、バイロイト歌劇場で活躍するようになったのだ。

ここで、ワーグナーがリッター教授に与えたお墨つきの文章を紹介したい。以下は、追補版『ヴィオラ・アルタ物語』に収録されている手紙の要旨だ。

親愛なるリッター教授

あなたが開発した新しい楽器「ヴィオラ・アルタ」は、過去のヴィオラの欠点を覆い隠し、その音は賞賛に値します。今までのヴィオラは、鼻にかかった音が、私のオーケストラの美的様式観と相性が悪い場合がありました。とくに管楽器や舞台上の歌手と絡むメロディでは今までのヴィオラには違和感がありました。あなたの楽器はその点を見事に克服し、私は次のバイロイトでのオペラにこの楽器を採用したいと思っています。

一八七六年三月二八日　バイロイト　R・ワーグナー

ここで注意しておきたいのは、ワーグナーはヴィオラそのものを全否定したわけではない、ということだ。彼は、ヴィオラの音のイメージが、自分のオーケストラの表現に合わない、とだけ言っている。

この時期、ワーグナーは金管楽器「ワーグナーチューバ」などに代表される、楽器のパートとパートの間を埋める新しい楽器の導入を進めていた。ワーグナーチューバは、ホルンとチューバの中間のような中低音担当の金管楽器で、一八七六年、「ニーベルングの指環」のバイロイトでの初演においてはじめて用いられた。パリ滞在時に、サクソフォーンの生みの親、アドルフ・サックスの店で見た高音の「サクソチューバ」などにヒントを得て、歌劇場のホルン奏者ハンス・リヒターに開発と調達を任せたものだ。このほかにも、バストランペット、コントラバストロンボーンなどを導入して、金管楽器を四種類のグループ――トランペット、トロンボーン、ホルン、チューバの各セクションとして編成している。

ワーグナーがこうした試みを行ったのは、オーケストラのすべての楽器と、オペラの歌い手とがひとつになる音響を模索していたからだ。そして、複雑化していく和音を各パートがそれぞれに奏でても、音と音とが絡んで聴きづらくなるのを避けられるような、明瞭な響きを探していたと考えられる。この条件に、ヴィオラ・アルタの音はぴたりと合致したのだろう。ヴィオラの、鼻にかかったようなもどかしい音は、シューマン、ブラームス、ドヴォルザークなど、多くの作曲家に愛され、活用されている。だからこれは、あくまでワーグナーの芸術観だ。リッター教授自身も、ヴィオラとヴィオラ・アルタの音を、必要に応じて使い分けることを認めている。

さて、その後、ワーグナーは自らプロデュースしたバイロイトのオーケストラにヴィオラ・アルタを六丁購入し、その首席奏者にリッター教授を指名した。そこでリッターははじめてヴィオラ・アルタの弟子を育てることになった。弟子たちはその後もヴィオラ・アルタとともに国際的な活躍をしている。中でもユニークだったのは、ミヒャエル・バリングだろう。ヴィオラ・アルタを携えてニュージーランドに渡り、現地でワーグナー協会を組織した。のちにドイツに戻って指揮者としても活躍し、バイロイト音楽祭にも指揮者として登場している。

こうした業績が認められたことから、リッター教授は後年、生地ヴィスマールが属するメクレンブルク大公によって、宮廷室内楽団の奏者に任命されたのであろう。故郷に錦を飾ることができたわけだ。

パリとサロンと「忘れられたロマンス」

ヴィスマールを発って数日後、私はパリにいた。

パリ一九区には充実した楽器博物館があり、ワーグナーがバイロイト歌劇場で使用した楽器が全セット揃っているとうたわれていることを旅行前に調べてあった。そしてカタログには、ヴィオラ・アルタの実物の写真が収められていたのだ。

私は、薄暗い地下鉄に乗って楽器博物館へ急いだ。学芸員にヴィオラ・アルタがコレクションの中にあるはずだが、どこにあるかと尋ねたのだが、なぜかどういう楽器のことなのかわからない様子だった。これかもしれないと示されたのは「ヴィオラ・アルパ」。ヴァイオリンを拡大したような楽器で、ヴィオラ・アルタとは似ても似つかない。

私は困惑して、コピーしてきたこの博物館のヴィオラ・アルタの写真を見せた。ワーグナーの楽器コーナーに確実にあるはずだ、調べて欲しいと頼むと、学芸員は頭をかきながら奥へと入っていった。待つこと数分、別の人物がつかつかと歩み出てきた。なんと、この博物館の館長が直々に対応してくれたのだ。

館長に連れられて、ヴィオラ・アルタが展示されているという場所に向かった。「ヴィオラ・アルタというのは、これではないですか」と示された楽器を、私はしげしげと覗き込んだ。だが、どう見てもそこにあるのは、なんの変哲もない普通のヴィオラだ。そう指摘すると、館長はこう言った。

「博物館の楽器でも、コンディションのよいものは演奏家に貸し出しをしている可能性があります。この楽器もそうなのかもしれません」

そうして、資料の中から本来ここに収蔵されているはずの「ヴィオラ・アルタ」の拡大写真を探し出して、見せてくれた。

館長は、私が持参したヴィオラ・アルタとその写真を丁寧に見比べた。

「楽器の比率が大きく違うので、当館が収蔵しているヴィオラ・アルタは、別の製作者が作った可能性がありますね」

たしかに、裏面を写した写真を見ると、私の楽器にあるようなリッター教授の焼印もない。この楽器にとっては厳密であるべき部品ごとの寸法の比率も異なっているようだった。

しかし、博物館の「ヴィオラ・アルタ」には、ただの大きなヴィオラではない、明白な特徴があった。弦が五本、張られていたのだ。少なくとも、この収蔵品は「五弦のヴィオラ」か「ヴィオラ・アルタ」のどちらかではある。私の楽器も、過去に行われた修理の前は五弦のヴィオラ・アルタだったのだから。確たる根拠があるわけではないが、リッター教授のライセンス焼印やラベルを施していないヴィオラ・アルタも製造されていてもおかしくはないだろう。そう話すと、館長も考え込みながら言った。

「もしこれが五弦のヴィオラであっても、いい意味に解釈すれば、五弦のヴィオラが『ヴィオラ・アルタ』だと、世間で名前がひとり歩きするくらい、この楽器が有名だった時期があった、ということですね」

楽器博物館を出て、日の暮れゆくパリの街を歩く。パリのナイトライフは、ムーラン・ルージュに見られるような、自由な社交の場を中心に展開される。かつて、そうした社交界で認められるには、芸術を語ることが重要な要素だった。とくに貴族や裕福な者たちはお抱えの芸術家の自慢をし、芸術家同士を対決させ、スキャンダルを巻き起こしながら、政治をも動かした。彼らが友人、知人、そして芸術家を集めて語り合った場所を、サロンと呼ぶ。

ワーグナーが活躍していたころ、演奏会にもこのサロン風の様式が取り入れられ、総演奏時間が長くなる傾向が出てきていた。心ゆくまで時間をかけて鑑賞する、作品展示会というイメージだろうか。そうした中で人々を魅了する、飛び抜けたスターがパリに現れた。あのフランツ・リストだ。

リストのなにが特別だったのか。それは演奏会の巧みな構成だ。当然ながら、どんなスター演奏家も、演奏会で四時間も五時間もひとりで楽器を弾き続けられるわけではない。だが、聴衆は、スターの名前に惹かれてやってくる。そこでリストがやったことはこうだった。たとえば、冒頭でリスト自身がピアノ独奏をする。その次に、売り出し中の若い演奏家とリストのピアノによる共演、そしてリスト作曲の交響詩を別の指揮者で演奏する。マルチな才能を活かしてリストづくしの時間を作ったのだ。そうしておいて、ときには合間に、リストの見出した新しい作曲家を紹介することもあった。

実は、リストの日記を見ると、ヴィオラ・アルタの生みの親リッター教授も、ワーグナーの紹介により、ヴィオラ奏者としてたびたびリストのサロンに呼ばれていたのだ。リストのサロンに呼ばれることは、ヨーロッパ音楽界での成功といっても過言ではなかった。それまでにその栄光を勝ち得た人々を見てみれば一目瞭然だ。エドヴァルド・グリーグ、カミーユ・サン゠サーンス、ニコライ・リムスキー゠コルサコフ。錚々《そうそう》たる音楽家の名前が並んでいる。

リストがリッター教授を高く評価していたことは、当時のプログラムからひしひしと伝わってくる。リッター教授は、自ら設計したヴィオラ・アルタのための、自作の協奏曲と室内楽をこのサロンで演奏している。リーフレットに書かれたクレジットでも、ほかのヴィオラ奏者とは区別して書かれているから面白い。

そしてまた、リッター教授はリストとの二重奏も果たしている。曲目は、あの「忘れられたロマンス」。ヴィオラ・アルタの演奏に感動したリストが、リッター教授に献呈した一曲だ。その初演は、なんとリスト自身のピアノとリッター教授のヴィオラ・アルタで演奏されたのだ。

この曲から私の頭に浮かぶのは、リッター教授の故郷ヴィスマールの港に、暗い月夜、寂しげに浮かぶ小舟のイメージだ。舟歌といってもいいだろう。

リスト自身、オーストリア帝国の支配下にあったハンガリーの出身だ。ドイツと縁の深かった両親との会話がドイツ語という家庭に育ち、ハンガリー語はほとんど話せなかったにもかかわらず、ハンガリーを故郷と呼んではばからなかった。彼もまた、パリでの大成功の陰で、遠くなってしまった故郷を思う、哀しいフォルクロアのメロディを心の中に宿していたのかもしれない。

この哀愁漂う曲のタイトルも、ヴィオラ・アルタが辿ることになった道を見通しているかのようで、運命と呼ばれるものの不思議さを思わずにはいられない。

工房の発見

さらにヴュルツブルクに移動した私は、この街のもっとも古い醸造所が経営しているレストラン、ビュルガーシュピタールでミネラル分の強いフランケンのワインを飲んでいた。文豪ゲーテも愛飲したという記録が残っているらしい。ゲーテに関する記録が残っているなら、一世紀近くあとにこの街で長く活躍したリッター教授についても、なにかしらの記録があるはずだ。実際、ここに来る前にあったスミス氏からの連絡では、知り合いの伝手《つて》で調べてもらった教会に、リッター教授の埋葬記録が残っていたとのことだった。

ここからほど近い場所に、リッター教授は住んでいたと考えられる。ヴュルツブルク歌劇場で歌うオペラ歌手を夫人に迎えて、幸せな結婚生活を送っていたという。リッター教授の作曲に、ヴィオラ・アルタと声楽のアンサンブルの曲が多いのは、そうしたことによるのだろう。

リッター教授には、演奏、作曲のほかにも専門分野があった。ハイデルベルク大学時代に学んだと思われる音楽史だ。ヴュルツブルク王立音楽院での教授時代は、リッター教授の人生においてもっとも安定した期間だったのかもしれない。たとえば、この時期には音楽事典を編纂《へんさん》している。パーティーで役立つ歌の本、などというものまで出版しているし、山登りを楽しんだという話もあった。また、ここでもヴィオラ・アルタのための曲を、王立音楽院の学長だったマックス・マイヤー゠オルバースレーベンから献呈されている。音楽理論の教授が作った楽曲だけのことはあり、和声の連結の美しさを追究した仕上がりになっている。

これだけのことがわかっているにもかかわらず、これまでもたびたびぶつかってきた問題が目の前に立ちはだかっていた。戦災のために、ほとんどの記録がなくなってしまっていたのだ。私は、行く先々でリッター教授を知らないかと尋ねた。そんな昔の人物について、今生きている人々に尋ね歩くというのも、傍目《はため》には滑稽かもしれないが、新しい情報を得るにはもう人の記憶に頼るしかなかったのだ。

だが、そんな無謀な方法にも光明の射《さ》す瞬間があった。ワインを扱う店で、いいアドバイスをもらったのだ。

「その人のことは知らないが、そんなに有名だった人物なら、通りの名前になっているんじゃないかい」

なるほど、それには気づかなかった。早速、地図を買って「リッター通り」「リッター小道」を探したが、該当するものはない。そもそも、ドイツ語で「リッター」は「騎士」という意味のありふれた名前でもあり、わざわざ通りの名にまではつけなかったのかもしれない。だが、これまでの調査でリッター教授の人生に関係のあった事物をキーワードにして地図上を探すうち、ふと、私の楽器に貼られていたラベルに思いいたった。そうだ、楽器製作者の名前ならどうか。「ケラー」。これも地図にはない。なにかないかと見渡すと、見慣れた文字の並びがあった。「ヘルライン通り」これはリッター教授が、ヴィオラ・アルタの設計図を最初に引いたときに、楽器を作った人物の名前だ。行ってみる価値はある。

ヴュルツブルクの曲がりくねった道を歩いていった。道すがら、楽器のケースを持った女性とすれちがった。私は思わず聞いた。

「まさかここに、楽器店なんてありませんよね」

その女性は面食らったように、「そこよ」と一軒の店を指差した。私は礼もそこそこに、店に駆け込んだ。店主のマーク・ルッツェル氏は目を丸くした。いきなり東洋人が走り込んできたかと思ったら、「ヴィオラ・アルタ」がどうしたなどと言うのだから、当然だったろう。それでもルッツェル氏は、店の歴史を落ち着いて語ってくれた。

「私は、この店を前の店主から譲り受けたのです。ここでは、ずっと昔からヴァイオリン・メーカーが仕事をしていたようでしてね。その初代の名前が、この通りの名でもあるヘルラインだったわけです。私で、四代目になります」

「ということは、ヘルラインからケラーを経て、あなたの前の店主、あなたというわけですね」

「そうです。しかし、前の店主は戦後にこの店を再建しましたから、ケラーとは関係ありませんよ。残念ですが」

そう言ってから、ルッツェル氏はふと、

「あぁそうだ。ここにケラーの作ったヴァイオリンがあります」

と一丁のヴァイオリンを見せてくれた。同じ作者の手になる楽器だ。リッター教授の足跡と直接の関係はないが、私は少し前進した気がした。スミス氏に連絡すると、やはり我がことのようにその情報を喜んでくれた。

いよいよ二丁のヴィオラ・アルタによる演奏会の日が近づいて、私がスミス氏と再び合流する約束の日も間近に迫ってきた。だが私は、スミス氏と再会する前に、ヴィオラ・アルタについてのもっと決定的な情報を得ておきたくて、焦っていた。この期間に探し当てられなければ、次にいつまたこれだけの時間と集中力を注入してヨーロッパを回れるかわからなかったし、この楽器を弾きこなしていくためにも、この旅でヴィオラ・アルタ奏者として立つ足元の土台をたしかなものにしておきたかった。だが結局、ヴュルツブルクではこれ以上の情報を得ることはできなかった。

リッター教授の人生を辿る旅の終わりに、私は一八世紀、アントニオ・バガテッラが住んでいたイタリア・パドヴァのホテルにいた。この街は一二二二年以来、大学の街として栄え、多くの美術家や建築家、科学者が輩出している。

リッター教授がヴィオラ・アルタを構想する上で大きなヒントを得た『ヴァイオリン製作の規則』の著者バガテッラは、歴史的なふたりの音楽家と面識があった。天才作曲家ヴォルフガング・アマデウス・モーツァルトと、「悪魔のトリル」で知られたヴァイオリニスト、ジュゼッペ・タルティーニだ。音楽史上は普通、なんの関係も指摘されないふたりを結びつける接点が、彼らの楽器の修理を任された楽器製作者、バガテッラのところにあった。昔から一流の音楽家の世界というのは狭いものなのだ。

統一された赤い瓦屋根の街並みを眺めていると、私の耳に、スミス氏とふたりでヴィオラ・アルタを弾いたときの、あの響きが蘇ってきた。ひとりよりふたりになって、あれだけちがう響きになった。バイロイトでリッター教授とその弟子たちが六人で奏でたヴィオラ・アルタはどのような音を生み出したのか、考えただけでも心が震える。

あの響きは、やはりパイプオルガンではないのか。ワーグナーも、弦楽器でありながらパイプオルガンのような荘厳な響きを持つその音を求めたのだ。そして、バイロイト歌劇場に作った、当時としては革新的な、客席から演奏者が見えないオーケストラ・ピットから、その圧倒的な共鳴を送り出そうとした。

そんなことを考えるうちに、私ははたと気がついた。一般にはあまり知られていないことかもしれないが、あの巨大なパイプオルガンという楽器には、弦楽器から管楽器まで、さまざまな楽器の音色に似た音を選ぶことのできる、「ストップ」と呼ばれるスイッチが存在する。ヴィオラ・アルタが広く使われていた時代に作られたパイプオルガンなら、その音を模したストップがあるのではないか。

「音を選ぶ」とはどういうことか、説明しておく必要があるだろう。そもそもパイプオルガンは、ふいごが送り出す空気を、大小さまざまなパイプに吹き込ませることによって音を出している。それぞれのパイプは笛のような構造になっているのだが、発音の原理によって音色が変わる。発音の仕方がリコーダーに近いものは「フルー管」、クラリネットやサクソフォーンに似たものは「リード管」、金管楽器に近いものは「ダイヤホーン」などと呼ばれる。そして、これらの音色の異なるパイプが、一台のパイプオルガンの中に無数に組み込まれているのだ。

ストップは、ふいごから空気を送り込む管の組み合わせを決める、一種の記憶装置のスイッチだ。フルー管やリード管など、異なる種類のパイプを同時に鳴らすように設定すると、それらの音が混ざり合い、独特の印象を持つ音が出力される。そうして生まれた響きの持つ雰囲気が、組み合わせの妙によって、なにか既存の楽器に似ている場合は、ストップにその楽器の名前がつくことがある。たとえば、「フルート」「トランペット」「コルネット」といった管楽器の名を持つストップを選べば、パイプオルガンでありながら、それらの楽器を吹いているかのような音色を奏でられる。さらには、「ヴィオラ・ダ・ガンバ」のような弦楽器の名がついたストップもある。そして、中には現在では見かけることの少なくなった、古楽器の名前を持つストップもあるのだ。たとえば、「J」の形をした木管楽器「クルムホルン」や動物の角で作る「ゲムスホルン」などが、絶滅動物のDNAサンプルを保存するかのように、パイプオルガンのストップの中に記憶されていることがある。

ヴィオラ・アルタが使われていた時期を含む一九世紀後半から二〇世紀の初頭にかけて、「ロマンティック・パイプオルガン」または「シンフォニック・パイプオルガン」と呼ばれるパイプオルガンがヨーロッパ各地で建造されていた。それらは、さまざまな音色の組み合わせによって、パイプオルガン一台でオーケストラのような交響曲を演奏できるようにすることを目指して作られたものだ。同時期にヴィオラ・アルタがオーケストラでも重宝される楽器として一世を風靡したならば、世界のどこかのパイプオルガンのストップに「ヴィオラ・アルタ」と刻まれていてもおかしくない。

多くの建築家と設計家を生んだ街を眺めながら、私の胸には、この突飛な思いつきをスミス氏はなんと言うだろうという愉快な期待が静かに満ちていた。

作曲家ドレーゼケの血

二〇一〇年七月三一日、グラーツの中心にあるアルト・カトリック教会で「ヴィオラ・アルタ二重奏の夕べ」が開かれた。主催は、大変名誉なことに、オーストリア・ワーグナー協会だった。スミス氏と私は、見えざる使命感に駆り立てられてはいたが、当日は完全にリラックスしていた。オーストリア国営放送のカメラが取材に入っていたが、まるで何度も経験してきたプログラムでもあるかのように、一切気にならなかった。

開演前、スミス氏がこんなことを言った。

「今日は特別なお客さまがいらっしゃるよ。その人は、リッター教授のことを生まれたときから知っている。フェリクス・ドレーゼケという作曲家を知っているかな。彼女はそのドレーゼケの血縁なんだ」

フェリクス・ドレーゼケは一八三五年生まれの、ドイツを代表する作曲家だった。しかし現在の西洋音楽史では、ほとんどその存在を忘れられている。ワーグナーの後継者と目されていたが、非常に気難しい人で一般には人気がなかった。だが、その気品ある作風には、三〇歳ほど年下のリヒャルト・シュトラウスも影響を受けていたという。ドレーゼケもまた、ヴィオラ・アルタの音に感動して、リッター教授にソナタを献呈していた。

演奏会は、短いスミス氏のヴィオラ・アルタに寄せる言葉から始まった。

「本日、世界でたったふたりのヴィオラ・アルタ奏者が揃いました。リッター教授の死後、長い時を経て、再びこの楽器が現在に蘇り、音楽を奏でます」

最初は、シューベルトの「ロザムンデ」。リッター教授自身による、二丁のヴィオラ・アルタのための編曲版を用いた。演奏を始めてみると、相手と合わせるのが信じられないほど楽だった。自分が思い描いてきたヴィオラ・アルタの音の世界に、すぐ入ることができたのだ。

この演奏会は、二重奏の合間にひとり一曲ずつ、ソロの曲を披露する構成になっていた。スミス氏は、リッター教授の編曲による、シューベルトの「魔王」。ピアノの連打が印象的なあの曲だ。スミス氏の音は、温かい。本人いわく、弦に置く弓に自然の重力を与えるのみで、ほかには難しいことは考えないそうだ。

私は、無伴奏ヴィオラ・アルタのための曲、バッハ＝コダーイによる「半音階的幻想曲」を選んだ。コダーイ・ゾルタンも、実はヴィオラ・アルタを知っていてこの曲を書いている。現在では主にピアノやチェンバロなどで弾かれているバッハの原曲を、ヴィオラ・アルタ一丁で弾き切るものだ。しかし、演奏中、私の心で響いている音は、やはりパイプオルガンだった。実際、この曲が大きな教会などのパイプオルガンで演奏されると、言いようのない感動が胸に迫ってくる。この曲の存在を知りながら、どうしてこれまでヴィオラ・アルタとパイプオルガンの共通性に気づかなかったのだろう。

そのような考えを持って弾いていると、この楽器の作られた意味がわかってきたように思えた。冒頭、単純な音階が並ぶ数小節を、弓の圧力を極限まで取り除き、弦の上を滑らせるようにする。そしてその後の入り組んだパッセージを滑走していった。急に大きな音を出すときにも、同じ強さの力で、弓の角度だけに注意すればよいのだ。どの音にも明瞭な輝きを持たせたい。この楽器を演奏するとき、深い嘆きや怒りをぶつける必要はなかった。すべては、少しだけ「角度」を変化させるだけで間に合うのだ。それは「能」の舞が、見る人に対する身体の各部分の角度をわずかに変化させることによって、観客の心のひだを揺らし、深い内的な表現を映して見せる力があるのに似ている。

音響効果を厳密に計算したことで生まれた精密な機能と、響き渡る音響。巨大な建造物といってもいいパイプオルガンも、そのような楽器ではなかったか。

いよいよ、演奏会最後の曲になった。私の好きな「ニュルンベルクのマイスタージンガー」の「朝はバラ色に輝いて」だ。ヴィオラ・アルタの音のイメージに合致する曲として、私とスミス氏の意見が最初から合っていた曲だ。この日は演奏家として舞台に立っているスミス氏だったが、実はもうひとつの顔がある。作曲家だ。フランスの女流作曲家ナディア・ブーランジェに学んだという。この日のために、スミス氏はこの優雅で男性的なメロディを、ヴィオラ・アルタの二重奏用に編曲したのだった。

最初、私がひとりで二十小節余りを弾く。スミス氏は、そのフレーズが終わろうとしているときに舞台袖から出てくる。そのおごそかともいえる足取り、そして演奏からは、彼にとってこの場所で行われていることが、神聖な「儀式」でさえあることがうかがえた。それを感じ取ったとき、私にはワーグナーが新しい楽器を数多く投入してまで目指した、響きの到達点が垣間見えたような気がした。スミス氏と私の旋律が重なり合い、ハーモニーを奏でるとき、パイプオルガンの音色とともに生まれるのは、日本人である私がそれまで心底からは理解できていなかった、「音楽の宗教性」とでも呼ぶべき、天からの啓示を受けたような静かで輝かしい幸福感だったのだ。演奏を終えると、あっという間にこの曲が誕生してからの一四〇年余の歴史を駆け抜けたような爽快感があった。

アンコールには、フェリクス・ドレーゼケの「水夫の歌」をふたりで演奏した。短いが勇猛でストイックな曲だった。疾風怒濤の精神というのだろうか。拍手の中、ひとりの高齢の女性が舞台に上がった。スミス氏と握手をし、私のほうにも歩み寄ってくる。このご婦人こそドレーゼケ女史であることは、説明されずとも理解できた。そして彼女ははっきりとこう言ったのだ。

「今日はありがとう。新ドイツ楽派は永遠です」

新ドイツ楽派というのは、リスト、ワーグナー、ドレーゼケと受け継がれていったひとつの流れだ。この言葉を直接、その血を受け継ぐ人から聞いたとき、歴史の重みが私の背にのしかかってくるのを感じた。ともすれば聴衆を無視するかのような芸術至上主義に走ることなく、「物語」を伝えようとする音楽。とくにワーグナー、ドレーゼケの目指したものは、神話的な、寓話《ぐうわ》性を多分に含んだ汎ヨーロッパ的な物語、とりわけドイツ文化の根幹に影響を与えた北欧神話や中世叙事詩を、音楽で表現することだった。

この志向は、ワーグナーやリストの時代、ヨーロッパを覆っていた文化史上の大きな流れであるロマン主義に由来する。フランス革命、そしてナポレオンの台頭によって、「神に統治する権利を授けられた王」からの解放を目の当たりにした人々の精神は、それまでの個人を抑圧する文化からの脱却へと向かった。現状への強い違和感は、急進的な進歩主義と懐古という、ふたつの波を生み出した。ワーグナーが次々と新しい楽器を試したのもその急進性の表れだが、一方で複数の国家に分裂していたドイツ語圏では、神聖ローマ帝国のように、民族主義的な結合によって、再び「ドイツ人の国家」が建設されることが望まれるようになった。

ドイツ人による、ドイツ人のための音楽。そのような言葉がふと、心の中に頭をもたげてきた。そして、作曲家のその姿勢が、おそらくは彼らの本来の意図を超えて、歴史の不幸の中で利用されてきたことも。ワーグナーもドレーゼケも、ともに第二次大戦中、ナチスによって「真にドイツ的なる音楽」として推奨され、プロパガンダとともに広められた経緯を持つ。イスラエルではその記憶から、いまだに国内でワーグナーの音楽を演奏することが、ほとんどタブー視されているほどだ。

批評家として苛烈なところもあったワーグナーは、個人的にはユダヤ人の友人が多数いたにもかかわらず、著書『音楽におけるユダヤ性』の中で、「ドイツ語を母語とせず、イディッシュを第一言語としながらドイツ語を利用しているユダヤ人には、真の音楽芸術は作れない」というような人種差別的議論を展開した。少数派ではあるが、この記述の真意を、当時のドイツで「金持ち」「成金趣味」の代名詞として使われていた「ユダヤ」という言葉によって、音楽業界に蔓延《まんえん》する拝金主義的なパトロンの偏重を暗に批判したものだった、と解釈する人もいる。だがワーグナーの真意がどこにあったにしても、この発言はのちにナチスに利用され、芸術界におけるユダヤ人迫害の根拠にされてしまった。その結果、現在でも、イスラエルに限らず欧米各国の音楽シーンで、ワーグナーの音楽を愛することは許されても、「ワーグナーの人間性に共感する」などと表明しては、人種差別主義を標榜したかのように受け止められることがあるのだ。

演奏会が終わって、ドレーゼケ女史とあらためて話をすることができた。私は、来場に対する感謝を伝え、ヴィオラ・アルタの音はパイプオルガンの響きと相通じるものがあるというアイディアを話してみた。すると彼女は、思い出したように私に語りかけた。

「バイエルン国王ルートヴィッヒ二世が、昔、パッサウに大きなオルガンを作ったのですけれど、そのオルガンはほかの楽器のすべての音を出せると言いますよ」

囁くような言葉だった。ルートヴィッヒ二世こそ、ワーグナーのもっとも熱心な庇護者《ひごしゃ》であり、ヘルマン・リッターが教授を務めたビュルツブルク王立音楽院があったバイエルン王国の王であり、さらに私のヴィオラ・アルタを製作したフィリップ・ケラーに「バイエルン王国宮廷御用達商人」を名乗ることを許した人物、その人だ。滞在の、残る日にちはわずかだった。急がなければならない。先送りしては、次のチャンスはもう訪れないかもしれない。この旅が終わる前に、ぜひとも確認しておかなければ。

だが、はやる気持ちとはうらはらに、私はすぐにグラーツを発ったわけではなかった。翌日は、スミス氏に彼の所有するワイン用のブドウ畑などを案内してもらった。スミス氏自身は、遠いところに旅をするより、畑仕事のほうが落ち着くという。彼にとって、ヴィオラ・アルタは故郷の土と同じように「近い」存在なのだと、はっとさせられた。車で少し走って丘に出ると、私たちは路肩に駐車して、石の台座のようなものに腰を下ろした。それは、古代の砦の跡だった。彼はこう言った。

「私の故郷はここだ。たぶん、私の先祖も何回もここを訪れているのだろう。この砦は私たちの文化を守ってきた。私はいつでもここにいる。だから、いつでも訪ねてきていい。私たちが取り組んでいる仕事の完成までの道のりは、まだ長い」

遠くに、鳥避けの大きな風車が、からからと回っているのが見えた。目の前は、スロベニアとの国境だ。国境を越えると、この風車の羽根の数が変わるので国境線が一目でわかるという。丘と丘の間、草原のただなにもない開けた場所に、目に見えない国家や民族の境が存在するヨーロッパ。その複雑な歴史の中で、作曲家たちの評価も揺れ動き、ヴィオラ・アルタも流浪の旅に出た。そうして、ドイツ音楽の豊饒《ほうじょう》な一時代を築いた、ヘルマン・リッター教授の足跡は戦火に消えてしまった。

スミス氏が言った。

「もう一度、そのヴィオラ・アルタの音が聴きたい」

ヨーロッパの風に吹かれながら、だが日本人である私は、ごく自然に、あの「浜辺の歌」を弾き出していた。

あした浜辺を　さまよえば
昔のことぞ　忍ばるる
風の音よ　雲のさまよ
寄する波も　貝の色も

私は一瞬目を閉じて、リッター教授の故郷ヴィスマールの港の風を思い出していた。どれぐらい時間が経っただろう。スミス氏は静かに言った。

「リッター教授は、ヴィオラ・アルタの音にベルカントの響きを求めていたんだ。あなたがその曲を弾くと、それが理解できるよ」

リッター教授は、『ヴィオラ・アルタ物語』の中で、未来のヴィオラに求められる音を定義して、人の美しい歌声「bel canto」という言葉で結んでいた。ヴィオラの鼻にかかった内向的な音ではなく、外へ外へと突破していくベルカントの響き。それが重なり合ったとき、天に向かって捧げられるパイプオルガンの圧倒的な音色が生まれる。この、ほとんど私の直感ともいえる推論が正しいのかどうか、たしかめる最後のチャンスがパッサウにある。
スミス氏と、再会を固く約束して、私はグラーツをあとにした。

真実のパイプオルガン

その教会の扉を、ゆっくりと開ける。刹那、最初の和音が鳴った。まるで、「光あれ」という一言で拓かれた、この世の創造の瞬間のようだった。パッサウの聖シュテファン大聖堂では、日曜の礼拝が行われていた。バロック様式の教会は、それを彩る天井画や壁画によって、一層その白さが強調されている。これほど「白い」と感じさせる場所がほかにあるだろうか。パイプオルガンの、次の和音が轟いた。空気が震えた。これが、人間が作った楽器なのか。総数一万七九七四本のパイプから生み出される共振は、いかなる人の心をも溶かしてしまうだろう。別世界というのはこのことだ。

パッサウはドイツの南東部に位置し、ドナウ川、イン川、イルツ川の三つが流れ込む街だ。そうして、一八〇三年にバイエルン選帝侯の領地となり、この選帝侯領がバイエルン王国となったのちもその領地であり続けた。私は迂闊《うかつ》にも、このパッサウに世界最大級のパイプオルガンがあることを知らなかった。この無数のパイプの組み合わせの中に、ヴィオラ・アルタの音が含まれているかもしれない。

楽器ケースの中に納められた私の楽器も、先ほどからこの響き、いや轟きに共振している感じがする。脈はありそうだ。ミサの途中は、観光客が中に入ることはできない。私は、祈った。今この場所でヴィオラ・アルタの足跡を見つけないと、私が生きているこの時代のうちに、リッター教授の手掛かりが完全に消えてしまうような気がした。

私はあらためて、パイプオルガンを見上げた。一六八二年に建造され、何回もの「増築」を繰り返したのちに、五部に分かれた巨大なオルガンを中央鍵盤で操作する現在の形式になったという。アナログながら、西洋音楽史に登場した楽器たちの大半を記憶した、巨大なデータベースを持つスーパーコンピューターなのだ。演奏者の座席、ほとんど「コックピット」と呼ぶほうがふさわしいような場所に、無数のストップが並んでいる。事前に調べたところでは、全部で二三三あるはずだ。二三三種類の楽器の音と性格、そして運命までもを、この楽器は知っている。演奏席がある二階は、かなりの高さだ。ひたすらに見上げるうちにミサは終わり、演奏していた人が仕事を終えて、横の階段から降りてきた。

私は失礼を顧みず、見ず知らずの演奏者に質問した。

「あそこに、『ヴィオラ・アルタ』というストップはありませんか」

だが彼は不思議そうに、「ヴィオラ・ダ・ガンバ」のことですかと答えた。古楽器のストップがあることはたしかだというが、すべてを覚えているわけではないという。あそこに上がって、自分で探すしかないだろう。参拝客の整理をしていたスタッフに、演奏席のある二階部分に入れるかと尋ねると、予想はしていたが、「事務所に予約を入れて、ツアーで入ってください」という。悪いことに、いや当然というべきか、日曜日は事務所が閉まっていた。

だがちょうどそのとき、この日に予約を入れていたツアーの人たちがやってきた。パッサウに近い街でオルガンを巡る講座を聴講していて、ここに来たのだという。私は申し訳ないとは思いつつ、その中に紛れ込んで進んでいった。なにか見えざる力が、私の背中を押しているようだった。二階へ上る細い螺旋の階段は、永遠に続くように思えた。二階部分の真ん中で、講師と思《おぼ》しき人がこのオルガンについて解説していた。聴講者たちが歩み寄ったので、私も自然と前のほうに押しやられた。それで、ちょうど私の真横に、古めかしいオルガンのストップが並ぶ格好になった。

私が一個も見逃すまいと目を皿のようにしてストップを見回していると、隣の見ず知らずの人も興味を持ったのか、なぜか協力して「ヴィオラ・アルタ」を探してくれた。だが残念ながらそこにはない。落胆のうちに説明が終わり、オルガンの実演になった。すると、解説者は私の目の前にあった古びた鍵盤ではなく、比較的新しい鍵盤の前に腰を下ろしたではないか。そちらの鍵盤は、もう少し近代的だった。ストップひとつひとつが丁寧に削られており、その上に楽器の名前が整然と、黒い文字で彫り込まれていた。

解説者が、いろいろな曲を奏で、試している。なんという圧倒的な音だ。素晴らしい。いかなる楽器も、この音には太刀打《たちう》ちできないだろう。巨大な楽器の中に、我々聴衆は取り込まれてしまっているのだ。その感覚に心が痺《しび》れ、しばしぼんやりしていると、いつの間にか講座はリクエストを受けてお好みのストップの音を出すという段階に移っていた。このチャンスを逃してはならない。私は思い切って手を挙げた。

「では、あなた。なんの音にしましょうか」

「ヴィオラ・アルタをお願いします」

「ヴィオラ・ダ・ガンバですか?」

「いいえ、ちがいます。ヴィオラ・アルタは、ドイツ人がドイツの音楽を奏でるために作った、ドイツの弦楽器です」

周囲がどよめくのを感じた。数秒の空白の時間があった。大勢に囲まれているのに、私は恐ろしく孤独だった。だがすぐに、見ず知らずのドイツ人たちの口から、「ヴィオラ・アルタ」という呟きが聞こえ始めた。「ヴィオラ・アルタ」「ヴィオラ・アルタ」……。みな、一斉に、無数のストップに目を走らせていた。すると、鍵盤の近くに座っていた初老の紳士が、解説者にある象牙《ぞうげ》のキーを指し示した。解説者は大きく頷《うなず》くと、こちらに来るようにと、私を満面の笑顔で手招きした。彼が指差す先には、「Viola alta」の文字があった。象牙に浮かぶ漆黒の文字の配列は、この上なく美しく見えた。

解説をしていたのは、ルイ・アイゼンバースという人だった。この巨大なオルガンを、三三年間見守ってきた、この道一筋のオルガン職人だった。

「このパイプオルガンも、あなたが言われたように、ドイツ人がドイツの音楽を奏でるために作ったものです。今の仕様は一九世紀末、バイエルン国王ルートヴィッヒ二世のころに計画されました。お話を聞くと、あなたの楽器と年代が合うようですね。しかし私たち職人も、このストップの存在をすっかり忘れていました。今、この日に、ドイツの音がひとつ、蘇ることになるのですね」

私は、「Viola alta」のストップが押されるのをじっと見守っていた。そうして、演奏が始まった。

妙なるベルカントの響きは、リッター教授が目指した「未来のヴィオラ」の音として、パッサウの白亜の教会を満たしていった。それはスミス氏のイメージ通り、高らかに飛び立つ、白鳥の羽ばたきのようでもあった。そしてまた、二重奏で生み出されたような、共鳴による広がりを持った、豊かな音色だった。

これこそ、ヴィオラ・アルタの音色なのだ。私の直感は間違っていなかった。一九世紀、ヴィオラ・アルタを手に未来の音楽を夢見たヘルマン・リッターと、二一世紀、同じヴィオラ・アルタを持ってパッサウの教会で過去の歴史を見る私とが、たしかな一本の絆で結ばれた瞬間だった。

ヴィオラ・アルタの響きを求めた私の旅は、こうしてその目的を達成したのだった。

ワーグナーの呪縛

帰国間もない二〇一〇年一〇月五日、あるニュースが流れた。

イスラエル室内管弦楽団が、翌年七月のワーグナーの楽劇などを上演するバイロイト音楽祭で演奏するという。エルサレム発でロイターが伝えたものだった。

一一月二六日の読売新聞は、「イスラエルでワーグナー」という見出しで、イスラエル国内ではナチスのユダヤ人迫害を想起させるとしてタブー視されてきたリヒャルト・ワーグナーの楽曲が演奏されるかもしれないと報道した。愛好家たちが政府の許可を得て結成した非営利組織（ＮＰＯ）が主催して、イスラエル人音楽家による演奏会の開催を目指すという記事だった。彼らは、「ワーグナーをタブー視するなら、ヒトラーが好んだドイツ車もボイコットすべきだ」と話し、政治と音楽を混同すべきではないと訴えているという。戦後六五年余りを経て、ようやく、ワーグナーの呪縛が解かれようとしている。音楽に罪はないが、その音楽によって痛ましい記憶を想起する人がいることは、音楽を愛する者にとって、あまりにも悲しいことだ。

ヨーロッパへの旅で、ヴィオラ・アルタの本来の音という、演奏家としてもっとも知りたかったものに対する確信を得た私だったが、解決されていない大きな謎も残っていた。それは、なぜ、一時期は音楽シーンの中で大きな存在感を持っていたヴィオラ・アルタが、ほとんど完璧なまでにその姿を消し、痕跡まで見当たらないほどになってしまったのかということだった。

これは、誰が断言したというのでもない。だが、ヴィオラ・アルタの悲運もまた、ワーグナーに愛され重用された楽器であったことから生じたのだという推測は、あながち間違ってはいないと思われた。リッター教授という天才によって、究極の「ドイツ的なる」弦楽器としてこの世に生み出されたヴィオラ・アルタは、ワーグナーによって「ドイツの正統を担う楽器」と太鼓判を押されたことで、かえって戦後、思わぬ不遇な運命を辿ることになったのではないか。おそらくは、多くのヴィオラ・アルタ奏者や愛好家は、内心の深い悲しみを抑えながら演奏を自粛して、この楽器の存在を静かに封印していったにちがいない。

言うまでもなく、ハリウッド映画からクラシック界にいたるまで、芸術家自身やプロデューサー、そしてかつてパトロンと呼ばれた出資者たちの中には、ユダヤ系が非常に多い。それは彼らが、歴史的にも投資の技術に長《た》け、また芸術、芸能に携わって才能を発揮することが多かった結果だ。

彼らにとって、たとえ楽器自体に罪がないとはいっても、「真にドイツ的」などと標榜され、あのナチスのプロパガンダに利用された作曲家たちに愛された楽器などは、あえて扱いたいとは思わなかったとしてもなんの不思議もない。

ヴィオラ・アルタは、二〇世紀のヨーロッパにおける暗く重い歴史の、タールのような漆黒の粘着質に絡めとられて、表舞台から消えていったのかもしれない。

それにしても、と、私は思わずにはいられない。なぜ今、あなたは、目覚めたのだろう。私自身、まだ一〇代だった若いころから、ずっとこの楽器の前を行ったり来たりしていたのに、最近までその存在を意識したことはなかった。ふと「目が合って」からは、とんとん拍子に道が拓かれ、なにかの機が熟したかのように、二〇一〇年の夏、私はこの楽器とともにヨーロッパの地を訪れることとなった。そして、これと時を同じくして、イスラエルがワーグナーに寛容になろうとしている。

この楽器はまるで、そうした時代の流れを察知して、目覚めたかのように思える。だとしたら、そうした暗い歴史を知るよしもなかったひとりの日本人の私が、ただ純粋にその音楽性に感動し、ヨーロッパにまで出向いてその出自を訪ね歩き、再び世の人々にほかに類を見ない豊かな音色を味わってもらうために心血を注ぎ込むことも、ちゃんと計算済みだったのだろうか。それを仕掛けたのは、音楽の神か、はたまた悪魔なのか。まあ、それはこの際、どちらでもいい。ただ私は、神聖な責務として、それを受け止めようと思う。

たとえある歴史の一時期、暗い運命に翻弄された楽器であっても、その響きにはなんの罪もない。そこには、ヴィオラ・アルタのために書かれたにもかかわらず、無理に別の楽器に持ち替えて弾かれている曲もある。存在していた輝かしい響きが忘れられたままでは、音楽の先達たちが残してくれたものを正確に理解できないままになってしまう。

イスラエルでのワーグナー演奏を目指す人々と同じように、私も言いたい。ヴィオラ・アルタという「忘れられたロマンス」の存在を、もう一度思い出してもよい時期ではないか。そこに影を落とす、行き過ぎた民族主義の暗い歴史は、むしろ反省すべき過去の教訓として後世に伝えればよいのではないか。二一世紀の今、あらためて、無心にその響きを受け止めて欲しい。そうすれば、この楽器には必ず、それだけの価値があることを、誰もが認めてくれるのではないか。

私は「ヴィオラ奏者」から、「ヴィオラ・アルタ奏者」になった。そこにあるのは、この楽器の美しく天に向かう音楽性の将来に対する確信だけだ。

その思いを胸に、これからも演奏活動を続けていきたい。

そして、その演奏のひとつひとつと、本書にこめた願いを、ヘルマン・リッター教授に捧げたいと思っている。

【遺稿】

クロアテスカ——人生の扉

「クロアチア」この神秘的な土地の存在を最初に知ったのは、いつだっただろうか。

一九九〇年代初頭、ソヴィエト連邦、ユーゴスラヴィア連邦が相次いで分裂し、かつての東欧は政変に揺れ動いた。私自身は、それぞれの国の配置もよくわからず、かといって最新の地図も眺めることなくテレビのニュースを聞き流していた。まだ今日のように海外での大事が、瞬時に日本国内に影響を及ぼすことも少なく、インターネットも普及していなかった時代である。

当時、私は大学在学中で、海外留学先を模索していた。ソヴィエト楽派に大変興味があり、モスクワ音楽院・レニングラード音楽院に進学を希望していたが、折しも政変により大混乱であったので、夢は叶わなかった。

のちにヴィオラ・アルタの演奏パートナーとなってくれた、クロアチアのピアニスト、マリア・ミクリッチ女史は、このときレニングラード音楽院に在籍していたが、国家を代表する主要な教官が海外に分散し、逆に優秀な生徒にとっては不自由な状態が加速していたという。

見ず知らずだった私とマリア・ミクリッチ女史は、奇《く》しくも同じ道を選ぶ。ソヴィエト楽派の研究のために、ドイツ語圏の音楽院を目指すことにしたのである。

彼女は、レニングラード時代の教官が赴任したオーストリア・グラーツ音楽院へ、私は音楽から連想されるウィーン・パリ・ベルリンではなく、ドイツのドルトムントへと歩を進めた。

ドルトムント、移民の誇り

ドルトムントの下宿先の大家さんは、第二次大戦後ポーランド領だったグダニスク出身、旧ドイツ名ダンツィヒのほうがある世代にはわかりやすいかもしれない。ドイツ騎士団、プロイセン王国の代表的な街で、第二次世界大戦でも激戦地となり、彼はこの地方の出身であることを誇りにしていた。

彼自身は、特殊建設施工の専門家であり、中東でシェルター付きの住居を数年にわたり施工した。たまに広間に呼ばれてビールを片手に、自身が引いた図面と写真で思い出を語ってくれた。当然、この家も彼自身が建て、地下室のホームバーが自慢だった。

現在、多くの問題を抱えるシリアのダマスカスでの仕事が一番の大仕事だったらしく、シリアのニュースに触れるたびに、その設備が防衛を果たしてるのかと思うと感慨深い。ドルトムントは今でこそ、日本を代表するサッカー選手香川真司氏が在籍したチームとして、日本でも知られるようになったが、当時は社会科で習うルール工業地帯のひとつの町の名にしか過ぎなかった。

石炭の採掘から鉄鋼の生産まで、ドイツ近代基礎産業の大きな歴史がそこにはあり、周辺都市も、エッセン、ボーフム、デュースブルクなどドイツでも比較的大きな都市が並ぶ。日本も鉄鋼技術をドイツに倣っていた時代があり、その名残としてJR水道橋駅東の架道橋の素材は、二〇世紀初頭のドルトムント製である

このような工業都市には、多くの労働力が必要でありドイツ人だけではなく多くの民族の人々が共存していた。トルコ、ギリシャ、中国、そして東欧、イスラム圏から、あらゆる人たちが仕事を求めて出稼ぎに来ていた。その子孫たちには、ドイツの教育を最初から受け、飲食店などを開業し納税するドイツ人・ドイツ在住者として足下を固めている家族も多かった。

ドイツ国有鉄道のドルトムント駅は、位置的にベルリン・ミュンヘン・パリなどから適宜な距離にある関係からハブ駅として多くの国際列車が通過し、また国際路線バスの多く

が停まるので、ヨーロッパ全土からドルトムントを最初に目指す人は多かった。

駅の周りに、さまざまな国のレストランとドイツ語を教える語学学校が集中していたのは、留学当時印象深かった。歴史上チェコのように炭坑がある街はビールの生産が盛んであり、ドルトムントも例外ではなく、ドイツにしては冷たいピルスナービールが喉を潤す。

そのような背景のもと、ドイツを代表するデトモルト音楽院の分校がドルトムント大学の一部に当時組み込まれていた。芸術系大学は単科大学のイメージがあったので、形だけでも総合大学の中に教室、事務局があるのは面白かった。

都市計画の一部として設計されたからか、大学の真下に地下鉄の乗り入れがあり、大きく機能的な学生寮、同じく巨大な学食、三つのBarがあり、さらに驚いたことには、キャンパス内を走る、ジーメンス社製の無人モノレールまであった。

そこに、私を招き寄せてくれたポーランド人の師匠ローマン・ノヴィッキ氏がいた。彼は、一九八九年のポーランド民主化後、ドルトムント歌劇場のヴィオラ首席奏者として、この学校に籍を置き教職を得ていた。

東欧共産圏音楽家の常として、彼もソヴィエト楽派の影響下にあった。ワルシャワ時代によい成績を収め、モスクワ音楽院に行きショスタコーヴィッチのヴィオラ・ソナタ初演者で名高いドルジーニン氏に師事することはできたが、それ以外の環境が最悪で、我慢できずに帰国した。彼いわく、器楽演奏についてポーランドには独自の流派がそれぞれに存在し、それを完全に捨ててまで、当時のソヴィエトに留まる理由は見出せなかったそうである。

彼はいつもレッスンの際に戒めの意味で、自らがポーランド出身で、経済的にあまりにひどい東欧の状態に絶望し西側に出てきたこと、そしてこれから同じような境遇の優秀な音楽家が、職を求めて大量に押し寄せることを熱心に何度も語っていた。

印象に残ったことは、音楽家以前に「生きるための我が職業」としての自負心に溢れていたことと、目の前に突如現れた巨大な東西統一ドイツで働く、ひとりの外国人の孤独さ、そして祖国を代表する誇り。モラトリアムともいえる混濁した国際人の憂いが、彼の優しい瞼《まぶた》を満たしていた。

カティーの店

ドルトムントにも慣れてきたころ、近所に気になるところがあった。下宿先から徒歩一分の目の前にある「ドルフシェンケ」という店だった。練習しながら窓から眺めていたら、週末のパーティーから、仕事帰りのビールまで、毎日にぎわっていた。

ドイツ料理は、単調で面白くないという人がいるが、私の味覚とは大変この国の料理は合っており、気軽に「食のドイツ文化案内」をしてくれるところを探していた。ある日、演奏会の帰りに、そのレストランの前で足が止まり思い切って入った。

冷えたビールを注文し、辺りを見回すと顔見知りの隣人たちで盛り上がっていた。中心には女将《おかみ》がおり、手際よく注文を受けていた。「シュニッツェル」（ドイツとんかつ）とドレッシングが利いたサラダとポテトフライという定食メニューをつまみながら、盛り上がったサッカーの試合を見ていた。

雰囲気に興が乗ってきて、お互いに話しやすい空気が流れる。隣席の人が「どこから来たんだい。この住宅地でアジア人は珍しいね」と尋ねてくれた。「日本から来ました。ドルトムントはビールとサッカー以外よくわからないのですが」と応えた。

すると、美しい女将が、

「それで充分じゃないの、よその土地に来たら深いこと考えないのよ」

その後に、厨房《ちゆうぼう》から呼ばれたので大きな声を返した。当然、ドイツ語と思っていたら、私が聞いたことのない言葉だった。ノヴィッキ氏が操る早口なポーランド語でもなさそうでチェコ語にしては切れがよいし、不思議な言語だった。

女将の名前は「カティー」と言った。ヴァイオリンの感傷的なレパートリーに「ヘイレカティー」（ハィ　カティーさん）という曲がありその雰囲気と、彼女が似合っていたので、勝手に「カティーの店」と呼んでいた。

ある日、下宿の呼び鈴が鳴りドアを開けると、カティーが立っていた。聞けば、今夜パーティーがあり数曲ヴィオラを演奏して欲しいとのことだった。私は日頃、世話になっているので、謝礼はいらないと断ったが、カティーも譲らず、何かお店のメニューをご馳走してもらうことで、お互い納得した。

夜になりパーティーも盛り上がり、食事をするように私に声をかけてきた。私もかなり空腹だったので、ドイツで覚えたての大盛りメニューを通ぶって注文した。

「バルカンテラーお願いします」

カティーが思わず苦笑し、厨房のご主人に自国の言葉で伝えた。パーティーの御礼もありご主人が出てきた。そして、笑いながら続けてこう言った。しかし真面目な職人肌の彼の目は少し怒っていた。

「バルカンテラーだめだよ。たしかにいろいろな肉のグリル、ソーセージ、チキンライス、タマネギなどが豪勢に盛ってあり、それなりに満足するだろう。由来は簡単で、バルカン半島にはもともとたくさんの国があって、その国々で肉の好みや処理方法が若干ちがっていて、それを見たドイツ人が皿をバルカン半島に見立て、さまざまな肉料理を国家になぞらえ、大盛りメニューを仕立てた。その不思議さと豪快さだけがドイツ人に受けたわけだ。デリバリーには喜ばれるかもしれないが、腰を落ち着けて食べるもんじゃないよ」

補足をすると、バルカンテラーは訳すとバルカン皿に相当する。かつて（歴史の大きな流れから言えば、ほんの少し前まで）、バルカン半島の大半を占めるユーゴスラヴィア連邦という国があった。その複雑さを簡単に説明するために次のような数え歌があった。

――七つの国境、六つの共和国、五つの民族、四つの言語、三つの宗教、二つの文字、そしてたった一つの連邦。

政治的には共産圏でありながら、モスクワとは一線を画し独自の路線を行く。アガサ・クリスティーのミステリー小説や、007の映画などでもこの地域は、その複雑さから、何か事件がある捻《ねじ》れている場所として描かれていることが多い。

私は聞き返した、空腹が絶頂に来ていたのだ。

「では、何を注文すればよいのだろう」

そうすると彼は自信たっぷりに、旧型の冷蔵庫に錆びたマグネットで貼ってある絵葉書たちを指差した。

アニメ映画で見た「空想上の異国の風景」が、そのまま切り取られたように、そこにあった。あるいは、海外を紹介する旅番組で展開される、豪華大型客船が入港する、あまりにも美しい未知の異国と表現するべきか。いつの間にやら私の脳裡にも焼きつけられていたけれど、この世のどこにあるのかわからなかった土地の答えがそこにあったのだ。

どの絵葉書にも「クロアチア」の国名が入っていた。

「君にはこれだよ」主人が凄いものを運んできた。

オムレツのような形をした、ラグビーボールを少し凹ませたような、巨大なフライが目の前に置かれた。

「コルドン・ブルーだよ」

「あれっ、フランス料理なの」

「ザグレバチキ　シュニッツェル、つまりザグレブ風シュニッツェルと私たちは呼んでいる。私たちの祖国クロアチアの首都ザグレブから世界に広がったレシピで、スイスやフランスではコルドン・ブルーの名で一般的に知られているんだ」

説明も半分に聞き、とりあえずナイフを中心に入れた。中心には濃厚なチーズがとろけ、その周りを味の濃いハムで巻いてあり、さらに塩漬けした分厚い豚肉を開いたものに、それらを挟み低温でじっくり揚げてあった。

横に真っ赤な野菜が添えてあった。これもクロアチアの国民食で「チクラ」という根菜を酢で漬けたもので、これが脂濃い料理とワインによく合う。ご主人の、クリームベースの特製ソースも利いたのか、すべてが絶品であった。

お腹が満たされ一息ついたところで、冷蔵庫に貼られた絵葉書が、再び目に留まった。

「ということは、あなたたちはクロアチアからいらっしゃったのですね」

カティーが食器を下げながら、

「私たちは、独立したクロアチア共和国の新しいパスポートを持つことができたの。ドイツが最初のころに、クロアチアを国家として承認して、私たちは国外に仕事の場所を得ることが可能になった。ちょうどこの店のオーナーが、肉の扱い一通りと料理に長けている職人を募集していて、条件が合い主人が雇われ私たち家族がドルトムントに移住することができた。私たちのような国では、とりあえず外貨収入は一番ありがたいのよ」

私が絵葉書を眺めていると、

「私たちは、マカルスカというアドリア海に面した小さいところで生まれた。絵葉書のような港は、その辺にはいっぱいあるわ。とても海が綺麗で魚が美味《おい》しいの。主人と私は幼馴染みで、将来自分たちのレストランを持つ夢を実現するために働いている。大変なことはあるけれども、新しくクロアチアでお店を持とうとする人にとっては、今が頑張り時だと思う」

食事も美味しかったが、この家族の、地に足をしっかり踏まえた度胸が、地図で見てきたヨーロッパの複雑な国境を吹き飛ばした。

私にとってのカティーの店こそが、本当の意味でのヨーロッパへの入り口になった。

クロアチアへの道

スポーツシーンから、クロアチアという国を知ったという人は多いのではないだろうか。クロアチアのスポーツ選手は、赤と白の市松模様が印象的な新しいこの国の国旗を背に、大舞台で印象的な活躍をしてきた。一九九二年のバルセロナ・オリンピックでクロアチアバスケットボールチームは、マイケル・ジョーダン率いるアメリカドリームチームに拮抗《きっこう》の末に銀メダル、二〇〇一年にはウィンブルドン男子テニスにて、ゴラン・イヴァニセヴィッチが優勝する。

一九九八年に、サッカーFIFAワールドカップ・フランス大会でクロアチアがわずか七年目の新興国ながら三位に入賞したことは、ことに印象深い。

クロアチアの歴史は一〇世紀のクロアチア王国設立まで辿れるが、東と西の勢力がぶつかり合うバルカン半島にあって、民族のせめぎ合いに翻弄されてきた。近年は、ユーゴスラヴィア社会主義連邦共和国に与《くみ》していた。

一九九〇年、民族独立の機運が高まる中、サッカーの試合中にクロアチア出身の名ストライカー、ズボニミル・ボバンが、当時政権側のセルビア人警官に対し乱闘を起こし出場停止になる、それがひとつのきっかけとなり、クロアチア市民が国家独立に奮い立った。一九九一年、ついにクロアチアは独立宣言を果たし、クロアチア共和国となる。ボバンは、やがてイタリアのACミランで活躍、そしてワールドカップ・フランス大会でクロアチアの主力メンバーとして活躍し、入賞をもぎ取ったのであった。

今でもボバンの名は国民的ヒーローとして語られ、彼の一族が経営するレストランは、イタリアとクロアチアの料理が同時にバランスよく楽しめるザグレブでも有名な店である。決して国力があるわけではないが、思慮深く、そして正論に熱い民である。ボバン氏はサッカーについてしばしば「人間の人文、宗教、愛情、芸術など数多くのものを含む、素晴らしいスポーツ」だと表現している。

振り返って、私の専門である「音楽」の世界とクロアチアの関係はどうだろうか。当時残念ながら旧ユーゴスラヴィア音楽の情報は、バルカン半島の民族音楽学が事典で調べられる程度と、その他の調査音源のみで、生きた情報は手許になかった。

そんなある日、ウィーンの知人が古いヴィオラの研究書をコレクションの中から譲ってくれた。それは、オーストリアのザイリンガー教授が編纂したヴィオラの成り立ちと、レパートリーをまとめたものであった。

読み進むうちに、面白いことに気づいた。私たちがこれまでに日本で得てきた、アメリカ・ドイツ・フランス経由で入ってきた音楽界情報は、ほんの一部であり、東欧諸国には、ソヴィエト楽派ともちがう、独自の音楽世界が厚く展開されているようであった。東欧、とくにバルカン半島は、まさしく研究の余地がある。私は、そう直感した。

ヴィオラのみの演目で、まだ未知の音楽家情報がこれだけ得られるのだから、楽器の範囲を広げれば結構な作曲家数になるだろう。

とりあえず、英語、ドイツ語、フランス語以外の綴《つづ》りらしきものを抜き出し、そのリストをカティーのようなバルカン半島に関係がある人に見せれば、その国の人かどうか大方の予想がつくし、作曲年代から考えれば、まだまだ活躍している音楽家と連絡もとれる可能性はある。

早速、その作業にとりかかった。現在ではGoogleなどでその綴りが、どの国のものかもしくはそれ以上の解析が可能だが、人類はまだその恩恵にありついてはいなかった。そこで、この半島に多く見られる名前の特徴、すなわち語尾に「ic（ッチ）」を持つ名前（チッチ、ヴィッチ、シッチなど）を書き出した。乱暴なやり方だがこれが最速だった。

カティーの店に食事に行った際に、ポケットからそのメモを出し心当たりの名前がある

かどうか聞いてみた。するとあっさりリストに指をなぞり一言、

「ミレティッチ（Miletić）」

彼女によれば、クロアチアに一般的に存在する名字であり、小さいころ、音楽の教科書か何かで見たような気がするとのことだった。カティーは親戚にも連絡をとり、そのリストの中で「ミレティッチ」が存命の可能性が高いとさらに教えてくれた。

極東の日本で、西欧からの情報だけを頼りにクラシック音楽をやってきた私は、彼の作風、経歴、偉業など何も知らない。そして、独立戦争後の彼の所在もわからなかったが、私は、どうしても彼に会わなければならない衝動を抑えられずにいた。

なぜなら彼が、「ヴィオラ協奏曲」を一九五八年に一曲だけ書き残していたからである。

少し専門的になるが、「ヴィオラ」という楽器をソロ楽器としてオーケストラと共演させる場合、大きな問題がある。それは、ヴァイオリンやチェロとちがいオーケストラの内声（中間的音域）を受け持つために、ソロ楽器としてはオーケストラの音に埋没しやすい、ということ。

それを凌駕《りようが》するほどの名人も存在するが、それでも名人芸になるほど細密なパッセージを得意とし、その特徴こそが壮大なオーケストラの音に隠れやすいなどの問題も発生する。

歴史的に残ったヴィオラのための協奏曲は、どの曲もヴィオラ独奏が引き立つように、楽

器編成、音域の工夫がなされている。

裏返して言えば、ヴィオラの扱い方がわかっていないと、ヴィオラ協奏曲は大変リスクが大きく、駄作に聴こえてしまう危ない分野と言えよう。

「ミレティッチ」氏が、この分野の協奏曲を世界のカタログに残している事実は、かなり高度にヴィオラの特性を理解し、彼自身もこの楽器を演奏する可能性が大いにある。まずできることならばその総譜を実際に読ませていただきたいし、可能ならば演奏させていただきたいと強く思った。

カティーが冷蔵庫に貼っている、クロアチアにまだ残る故郷の友達からの絵葉書に描かれた、信じられないほど美しい海の景色を眺めるたびに、まだ見ぬ巨匠との距離が少しずつ近づいてくる感じを覚えた。

東欧の複数言語を扱える人を見つけては、作曲者リストを見せて意見を尋ね続け半年が経った。

ある日、ドルトムントの下宿に置いてあった、電話が鳴った。電話はマヤ・オルシッチ女史からのものであった。クロアチアに滞在経験のあった同僚の知り合いで、なんと彼女は、音楽評論をしていてさらにミレティッチ氏を知っているとのことだった。

私のもっとも求めていた答え、すなわちミレティッチ氏は存命で今なお元気に、ザグレブの音楽会に来ているとのことだった。ミレティッチ氏に連絡をとる方法は、彼が所属している国営の作曲家協会があるので、そこにFAXを流してみればどうかと勧められた。私は、見知らぬ人が私のために時間を費やしてくれたことに感謝するしかなかった。教えていただいた通り、作曲家協会へFAXを送信した。

夕日が落ちかける窓から、一面に広がるドルトムントの畑のずっと先を見たとしても、日本もクロアチアも近くにはない。大海に浮かぶ小舟のように、ただ星を見て進むしかなかった。

ヴィオラに導かれて

「愛すべきヴィオラの仲間。私の名前を見つけてくれてありがとう。そして驚いています。私があなたに、教えることのできる分野が、まだこの国にはあります。いつ、ザグレブに来ますか」

クロアチア作曲家協会を通じてミレティッチ氏自筆の手紙が送られてきた。FAXの給紙がこれほど、心地よく響いたことはない。

私はFAXを切り取り、カティーに見せた。するとご主人を呼び寄せ、私がクロアチアに、どうやって行けばよいか真剣に考えてくれた。

「実は、ドルトムント—ザグレブ間には昔から、長距離バスがあるんだ。これを使うとたしかに便利だけれども、楽器とかあるだろうからあまり勧められない。やっぱり正攻法で列車でミュンヘンかウィーンまで出て行って、そこからザグレブ行きに乗り換えるのが確実だよ」

現在、ザグレブまでのアクセスは飛行機、国際特急列車の本数が増え、さまざまな旅の仕方が可能になったが、当時は列車も限られ大仕事だった。ドルトムントからケルン経由で、長距離列車に一〇時間ほど揺られウィーンで下車。さらに、六時間半ほどでウィーンからザグレブに到着する。大学在籍証明書があれば、かなりの割引が利くので見知らぬ土地へ行くには、車窓から流れる風景を心に焼きつける意味でも、列車の旅を選択していた。

行くと決めたら、さまざまなことを調べなければならないが、列車が通っていればどうにかなるだろうと、気楽に高を括《くく》っていた。考え直すと、その覚悟の甘さに我ながら赤面の至りである。

パスポートの問題もあるのでデュッセルドルフの日本国領事館に問い合わせると、首都ザグレブには、日本国大使館はなく在オーストリア日本国大使館傘下の出張所があるとのことだった。

大体の日程が固まってきたので、失礼がないようにクロアチア作曲家協会から送っていただいたミレティッチ氏の電話番号に早速、電話をかけてみた。呼び出し音に、明らかに緊張している自分が、姿見に映っていた。

電話がつながったとき、はじめて聞く言葉が入ってきた。「モリム」この言葉は、どなた？　などに相等するクロアチア語であることは、理解できた。ミレティッチ氏本人が電話に出られたようだ。

こちらがドルトムントからの電話であることを告げると、「ヒラノ」と私の名字を数回呼んだ。お互いに当時意思の疎通が比較的よかったドイツ語で話を進めた。氏は、私のドルトムントでの師匠がポーランド人であることを伝えると、ソヴィエト楽派の音楽を知る東欧の演奏家に指導を受けたことを喜んでいた。

私は、ミレティッチ氏の声が非常に若々しく、余裕のある笑いを交えていたこと、しかも私のような初対面の青二才に厚く対応してくださる姿勢に感銘を受けて、受話器を持ち平伏した。

ザグレブ中央駅で会う約束をした。それは、ある秋の日だった。お互いのために、FAXでもう一回確認することと、ウィーンに着いたら電話をかけて欲しいということだった。

横目に、鉄道の路線図を何度も見ながら時間は経っていった。

ザグレブ行きの当日は、少し息が白く朝日のほうに流されていた。ヨーロッパは、夏と秋がある日を境に急に入れ替わる。朝早くから電話が鳴った。それはカティーからだった。長旅なので、列車の中での食事を用意してくれたのだ。私は、気持ちがいっぱいになり「ありがとう」を繰り返すしかできなかった。

カティーは、私の目を覗き込んで、「気をつけて行ってきて。帰りの列車に注意して。ウィーンはクロアチアでは〝ベッチ〟(Beč)だから。間違えたら帰って来れないわよ」と諭した。

その通りだった。国境を越えると、同じ土地を別の名で呼ぶことがある。たいていの場合、発音のどこかしらが似ていて、同一の土地であることがわかるものだが、「ウィーン」と「ベッチ」では、知らなければ、同じ土地だとは想像がつかない。

私は、ウィーンを目指した。車窓は、ドイツの歴史を遡るようにライン川を上流へ向けて映し出す。ローレライの岩、コブレンツまでの城砦《じょうさい》の数々は、ドイツが神話に守られた国であることを、実感させられる。

カティー一家の心のこもった昼食を食べ終えたころ、目の前に大きなオーストリア風の建物が見えてきた。「メルク修道院」である。ドナウ川を見下ろす渓谷に建てられたこの広い楚々とした建造物は、先に通ってきたライン川沿いの尖った力強い「ケルン大聖堂」

と対照的で、ドイツを中心とするライン川生活圏から、オーストリアから東欧に流れ込むドナウ川生活圏に私が運ばれてきたことを意味した。

メルク修道院を過ぎると、ウィーンが近づいてきた合図である。私は、コンパートメントの棚から楽器と荷物を下ろしウィーンという大都市の気配を待った。

何度訪れても、ウィーンは都会だと思う。七階建てほどの住宅が街一面に広がる。都市設計もよくできていて、どこへ行くのにも便利がよい。

ウィーンに着き、定宿を目指す。レンベックという中央からやや離れた場所だが道が幾重にも交差しており、古い時代の名残がまだあるところだ。

ミレティッチ氏に電話をし、レンベック付近の宿に泊まっていることを告げた。氏は喜び、「ウィーンまで来たらザグレブはすぐだ。もともとひとつの国だったからね」と、弾んだ声で言う。

ウィーンとザグレブは、一九世紀のハプスブルク家の支配下では兄弟関係にあたる。

顕著な例は、歌劇場である。ウィーン国立歌劇場の竣工《しゅんこう》後、すぐにクロアチア国立劇場（ザグレブ）がウィーンの建築家によって建てられる。よく似た内装であり、演目も当時はザグレブで評判がよかったものがウィーンに繰り上がり、名声を得た。ヴェルディ、プッチーニなどイタリアのオペラ作曲家は、ザグレブで最後の仕上げをして、ウィーン公演に臨んだそうである。オペラ通には、ザグレブの劇場の広さぐらいがほどよく楽しめると言われている。

もうその名残はないが、ウィーンから南のイタリア、ハンガリー、クロアチア方面へ向かう駅は、ウィーン南駅であった。ドイツ語圏の際《きわ》の駅で、いつも人が大勢いた。

私は、一五時過ぎに発車するザグレブ行きの列車を、冷えたシャルドネを飲みながら待った。ミレティッチ氏に会えるのは嬉しいが、当時は軍服を着た人の数が急に多くなり、セキュリティーチェックも頻繁になされていた記憶がある。今、考えれば東西をへだてる大きな壁が、まだそこにはあったのかもしれない。

ザグレブ中央駅

二二時過ぎ、ザグレブ中央駅にゆっくりと列車は車輪を止めた。暗くて細かいところは見えないが、旧式のオレンジ色の街灯が、すべての建物をより荘厳に見せていた。

ザグレブ中央駅は一八九二年に開業しているのだが、待ち合わせの微睡《まどろ》みを覚える比較的広いカフェなど、創業当時のレイアウトそのままに使われている。映画「シェルブールの雨傘」の恋人同士が別れを惜しむ、永遠の長さに感じられる駅のホームに雰囲気はよく似ていた。

そういえば、待ち合わせをしているミレティッチ氏とは、お互い顔を知らなかった。私たちはどうやって会うんだろう。くだらないようだが、直近の大きな疑問であった。その問いは、時とともに何なく解決してしまう。

列車から、荷物を下ろそうとするとひとりの紳士が手を差し伸べてくれた。私のトランクを下ろしながら、

「私がミレティッチ」

私は不意なことに、戸惑った。「なぜ、私がわかったのですか？」

「こんな時間に、ヴィオラのケースを持って不安そうにしている東洋人は珍しいから、すぐわかったよ」

私は、ゆっくり握手をしてはじめての土地を見渡した。当時、駅前にあまり照明はなく、外を歩いている人も少なかった。ただ路面電車の音だけが、動脈のように静かに時を刻む。これから長い時間、人生をともにするこの国の空気の香りを聞いた。

「ヒラノ。今日の宿は予約しているかい」

私は、出発前にカティーから教えてもらった、駅前のホテルに予約をしていた。そのホテルにチェックインし、下のカフェでミレティッチ氏とはじめてゆっくり言葉を交わした。

ミレティッチ氏は日本人と言葉を交わすのははじめてらしく、すべてに興味を示した。自己紹介など一通りの儀式が一段落すると、氏は意外なことを私に尋ねた。それは日本語で、何かしゃべって欲しい、そしてその内容をノートに文字で書いて欲しいとのことだった。

そんな簡単なことをと笑い、「ミレティッチ教授、私は今、あなたに会えて感激しています」と書きながら口に出して読んだ。横に漢字縦書きで署名も願われた。氏は、漢字の部分を何度も見て、日本人は鋭角な漢字と柔らかい平仮名を両方混在させてひとつの表現をするのは、多様な文化が磨かれて極東に到達した証拠だと私に言った。私はそれに見合う、深い言葉は返せなかったが、日本人が来るということで、その文化に少しでも近づこうという心遣いには頭が下がった。

ミレティッチ氏と、明日の約束をして別れ部屋に入った。テレビの番組を見ても明らかに西欧文化圏とちがっており、はじめて聞く言葉のアクセントと、番組セットの色彩の組み合わせからここで奏される音楽の趣向を想像した。そんなことを考えているうちに、深い眠りに落ちていたようだ。

ドイツのやや白く張りつめた、薄靄《うすもや》の立つ朝とはちがっていた。新しい土地へ来た緊張が緩んだのか、眠気の残る朝食をとる。コーヒーを注文すると、ノーマルかトルコ風かと聞いてきた。この国は、コーヒー好きにはありがたく独特の焙煎《ばいせん》で、ノーマルでも少しエスプレッソのように深い苦みがある。トルコ風とは、歴史的にオスマン・トルコの影響下にあったためか、小さいカップにコーヒー粉を入れて煮出す方式だ。

ザグレブに住む古いタイプの食通、ザグレブをドイツ語読みでアグラムと表現するような人たちは、このトルコ風コーヒーに、クロアチア焼酎「ラキア」を一杯傾けるのがよいと勧める。ラキアに含まれる果実成分の少しざらつきのある高いアルコール度数が、軽い苦みとゆっくり溶ける砂糖の甘さを洗い流し、ふくよかな後味を残す。

朝食をとり終え、明るくなったこの街をはじめて眺めた。そこは二〇世紀よりも、一九世紀の雰囲気が漂い、ウィーンよりも時間の流れにとろみがあった。

ホテルの扉を開けると、いきなり馬にまたがった勇壮な騎士の像が目の前に飛び込んできた。一〇世紀初頭にクロアチア王国を設立したトミスラフ王である。クロアチアの名前をはっきり歴史に刻んだ英雄であり、千年以上経た今でも、この国の独立精神のよりどころである。子供の名前に「トミスラフ」を名づける親も多い。

このザグレブにはもう一体同じようなポーズをとった、刀を振るう馬上の騎士の像がある。それは、駅前から少し歩いた市街地の中心に建立されている、一九世紀に近代クロアチアの礎を築いたヨシップ・イェラチッチ総督像である。どちらの像も大きく、今でも国の先頭に立ち鼓舞するかのようであり、日本の武士道精神に共通する何かを感じさせる佇まいである。

その像が鎮座する広場は、トミスラフ広場、イェラチッチ広場とそれぞれ呼ばれ、ザグレブ市民の脳と心臓の関係で、それぞれを血管のように路面電車が結んでいる。

作曲家の部屋

昼過ぎにミレティッチ氏が、可愛い車に乗って迎えに来た。その大きさからフィアットかと思いきや"YUGO"というその名の通り旧ユーゴスラヴィア時代の国民車であった。氏いわく、無理しなければ元気に走ってくれる可愛い相棒らしい。

ミレティッチ氏は、この時点で七一歳である。日本でいう大正一四年生まれ。第一次大戦後から、現在までの複雑なヨーロッパの風を「プロ　アルテ・ザグレブ四重奏団」「ザグレブ・ゾリステン」の名ヴィオラ奏者・作曲家という帆に受け、ユーゴスラヴィア連邦の船に乗り世界中にその舵をきった。

「ザグレブ・ゾリステン」の名は、古いクラシックレコードファンには、チェロの名手アントニオ・ヤニグロ率いるセンスのよい室内合奏団として、今なお記憶に残る。ユーゴスラヴィア芸術家の代表として、アメリカ、南米、アフリカなど大陸を越えての演奏活動を年間約一〇〇公演の契約をしたこともあった。

氏の語りにも似た軽快な運転で、車窓からザグレブ観光をする。

ザグレブの地形は、大変わかりやすい。北部の丘にあるオールドタウンと、南に広がる各時代の建物が混在する平地からなっている。ザグレブは、あらゆる時代が混在する不思議な場所だ。一六世紀から現在にいたるまでの時代を建物が語ってくれる。

ミレティッチ氏の家はオールドタウンにあった。周りに各国大使館がある緑豊かな静かな場所だ。奥さまは、長く病院に入られており、一人暮らしをしていた。

先に部屋に案内され、氏が戻ってくるのを待った。驚くべき簡素さが空間を支配していた。

これまでに、作曲家などが、総合芸術の創作に時を費やした家を訪れたことがあった。有名なところではウィーンのハイリゲンシュタットにあるベートーヴェンの書斎、バーデンバーデンから少し歩くブラームスの書斎などから、日本国内の東京藝術大学時代の作曲家同窓生の家まで、面白いことに、ある共通点が存在する。

どの部屋も、慎ましく華美な装飾もなく、そして家具さえも少ない。窓を開けると植物がちらほらと見え、そして少しばかりの庭がある。藝大時代の友人が、深夜、卓を囲みながら紫煙越しに話した言葉を、思い出す。

「作曲家は、楽器を鳴らす前に終わらせなければならない仕事だから、最低限、机と椅子があれば、どこでもできる。できなければならない。それが理想だよ」

ミレティッチ氏の部屋は、演奏と作曲にうまく入り込めるために、絶妙の配置がとってあった。小さなアップライトピアノを囲むように本棚がしつらえてあり、部屋の中心には楽譜が数面広げられる程度の使い込んだ正方形のテーブル、そしていつでもゆっくり休めるようにソファーベッドをその横に置いてあった。今までに使用した資料・楽譜は膨大な量になるので、別室に収納していた。

資料部屋から、数冊の書類束をかかえて氏が戻ってきた。

冗談めかして、「さあ、今から長い仕事を始めよう」と肩をすくめ書類を広げた。

「君が、求めているのはこの作品だろう」

いとも簡単に、私が探し求めていたヴィオラ協奏曲の総譜が机上に広がった。それは、書き込みのあるミレティッチ氏自筆のものであった。

現代の演奏家は、クラシックと呼ばれる分野の作曲家に生きてまみえる機会は少ない。多くの場合、歴史上の「遺言」をひも解くのみである。

しかし、私には、その稀有《けう》なチャンスが巡ってきたのだった。しかも、若き日にヴィオラ奏者として名を馳せた、ヴィオラ・コンチェルトを代表作に掲げる東欧圏の大作曲家に。

私は、一九九〇年代前半に（すなわち、東西ドイツ、ソヴィエト連邦、ユーゴスラヴィアの体制崩壊の直後に）、ヴィオラ学徒として、ここにいる幸運に震えた。

「当時の公開録音を聴くかい」

今思えば、氏は作曲された時代の雰囲気を、私に伝えたかった純粋な思いで勧められたのだろうが、当時の私は、残念ながら青く口をわきまえずに、その素晴らしい録音を聴くことをその場では、丁重に拒否した。

当時の私には、比較的古めかしい教育が染みついており、先人が演奏した録音物の影響を受ける前に、楽譜から湧き出す写実的な音楽に集中するように刷り込まれていた。胸裡《きょうり》の狭い恥ずかしい思い出だ。

しかし数分眺めただけで、これだけは見逃さなかった。オーケストラがヴィオラ独奏を導くまでの独特の和音の並び……今までどの曲の冒頭でも味わったことのない世界への扉を、そこに感じた。

ミレティッチ氏も、若手の勝手な思い入れを理解されたのか、おやおやという表情で日本から来た青年を眺め、気を悪くしたふうも見せなかった。

音や文章を紡ぐ人たちがよく話すことだが、過去のどんな評価された作品より新しい作品から目を通してくれたほうが、嬉しいようだ。

氏も、ヴィオラ・コンチェルトの譜に重ねるように、ヴィオラのために書かれた自らの可愛い小品を差し出した。数日後に弾いて欲しい場所があるので、そのリハーサルまでに仕上げるよう託された。

ミレティッチ氏は、楽譜を覗き込む私の頑なな目を笑いながら、一枚のレコードを持ってきた。"Jugoton" というユーゴスラヴィア時代のレコード会社であまり日本では見かけないレーベルだった。

「これは、思い出のある録音で私たちのクァルテットが最後に残したものなんだ。出来も悪くなく、メンバーももう何十年来の仕事仲間だ」

このアルバムを聴きながら、次の小さな演奏会の楽譜を読んでいた。はじめて聴く「プロ アルテ・ザグレブ四重奏団」の演奏は、ひとえに柔らかい。ゆっくりとチームワークと音色が練られ、大きな結晶となったような統一感が素晴らしかった。モーツァルトのクラリネット四重奏曲では、ドゥブロブニクのクラリネットの巨匠ピエトロ・カヴァレッリ氏との相性が抜群によく、大きく見せない表現が美しい。

「彼らとも、ここのところ長く会っていないな」

ザグレブに来て、はじめて一瞬だが、彼の悲しい表情を見た。

「昨日の友が、一夜明けると、銃口を向け合う敵になる。民族独立とはそういうことだ」のちにそう語ったミレティッチ氏の言葉とつなぎ合わせると、かつて音楽で硬く結ばれた仲間を、政変が引き裂いたのかもしれない。このときの私は、氏の一瞬の憂いを、単に郷愁だと思って、やり過ごしてしまったのだが。

家の玄関を出て坂道を下りながら、これから始まる、氏との長い付き合いを予感していた。

面談そのものは短い時間だったが、数十年分の長い課題を提示されたような気分になっていた。歓迎すべき課題である。こうして、現役の作曲家の作品を弾くことができ、そしてご本人に意見を伺い、その上に同じ楽器の名手などという機会は、まさに奇跡なのだ。

街の灯火

日は落ちかかっていた。見上げたモミの木が影絵のようにうごめく。ミレティッチ氏の部屋は暖かかったが、やはり外は寒さを感じる。

街の中心街に着いたときに、あちらこちらの街角で風に靡《なび》き揺らいでいる焔《ほのお》を見つけた。駅前のホテルに近づけば近づくほど、灯火の数は増えていった。

その灯りは、重ねられた煉瓦に寄り添っていた。煉瓦ひとつに、ひとつの灯り。煉瓦が積み重ねられているので、灯火もまた、群れになって、風に揺らいでいる。

灯りは、煉瓦に書かれたそれぞれの「名前」を私に教えてくれた。ご遺族の筆跡で書かれた、その名前の主の大半は、戦死され家族のもとに帰ることができなかった男たちであった。

ご遺族が思いをこめられ、積み重ねた素朴な煉瓦は、内側に哀しみ、悔しさを訴えかけているように見える。しかし外に向いた堅い煉瓦の積み重なりは、ひとつの大きなモニュメントとなり、死してなおも家族と国を守ろうとする、男の姿なのだ。

政治上の戦争は終わっても、家族の思いは終わらない。折り重なる灯火が、それを告げていた。

私が生まれたのは、一九六七年。先の東京オリンピックのあと、日本がいざなぎ景気に沸いていたころである。ものごころついたときには、「戦争」という言葉は、「忘れてはいけない」と言われる歴史ワードのひとつになっていた。

そんな私に、独立戦争から三年しか経っていない国の風情は、魂を揺さぶる心象風景として焼きついた。

さらに言えば、一九九一年に独立を果たしたのち、クロアチア政府はボスニア・ヘルツェゴビナ紛争（一九九二〜一九九五年）にも介入し、セルビア人勢力やボシュニャク人（ムスリム）勢力を相手に戦闘、相互に民族浄化を繰り広げた。今思えば、私がミレティッチ氏を訪ねた一九九四年は、まだこの国の戦争は終わっていなかったのである。

のちの一九九九年一一月、私は、クロアチアのドゥブロブニクにて、ミレティッチ作曲家生活五〇周年記念演奏会のソリストを務めた。このとき、クロアチアの至宝と言ってもいいような美しいこの町が、ボスニア・ヘルツェゴビナと隣接しているのを知った。

ドゥブロブニクは、アドリア海に面する、世にも美しい港町である。中世の城塞都市であり、その石造りの城壁を、そのまま街の輪郭として活かしている。豪華客船の停留地でもあり、ヨーロッパセレブの「避寒地」としても有名だ。

日本人には、宮崎駿映画「魔女の宅急便」や「紅の豚」のロケ地と言ったほうが、わかりやすいかもしれない。一九九九年のドゥブロブニクは、「魔女の宅急便」の主人公キキが暮らした町が、そのままそこにあるようだった。

その美しい町は、小高い丘に囲まれており、その丘の向こう数キロメートル先が、もうボスニア・ヘルツェゴビナなのである。一九九九年当時、町の壁のそこここに銃撃の痕跡が残り、丘の上には大砲の発射台が残されていた。

島国日本で、「クロアチアが、ボスニア・ヘルツェゴビナ紛争に介入した」と聞くと、他国に介入する好戦的な態度を思い浮かべるかもしれないが、「美しいプリンセス」のようなこの地が、民族紛争に呑み込まれそうになっていたのだと考えると、そのニュースのイメージが変わる。

複雑な国境と、さらに複雑な民族の境界を持つ半島に住む人たちの、民族の誇りと、それを命がけで守り抜く気概。その魂のもとに、この地の音楽がある。

ミレティッチ氏とはじめて会ったその晩、揺れる灯火に包まれながら、私は、ここで生まれた音楽を咀嚼《そしやく》し、その音を出すということの重大さを悟った。ヴィオラを手にした日から、自分には、その使命があったのだとも思った。

私自身の人生の扉が開いた瞬間であった。

平野真敏

――平野真敏は、この後、ミレティッチ氏と友好を深め、クロアチア各地で、戦後復興のための演奏活動を展開するまでになる。ティッシュペーパーも包帯もなかなか手に入らなかった終戦直後の難民キャンプで重宝されたのがハンカチであったことから、平野は日本の演奏会でハンカチの寄付を呼びかける。これがマスコミに報道され、日本中から数万枚のハンカチが集まったという。

これを抱えて、クロアチアに渡った平野の胸を貫いたのは、こんなことばだった。「見ず知らずの国から届けられた、一枚のハンカチ。そこには美しい遠い国の文化が描かれていた。それを手に取り眺めると、世界から自分たちが忘れ去られていないことの証になり、それが一番嬉しかった」

2001年、日本から世界に皇太子殿下ご夫妻に内親王さまご誕生のニュースが流れると、恩師であり人生最大の親友でもあったミレティッチ氏から、「ヴィオラのためのララバイ～子守唄」の楽譜が送られてくる。

それには、次のようなメッセージが添えられてあった。――皇太子さまもヴィオラを奏される。クロアチアのような混乱のある社会でも、「父親が我が子の寝顔に将来を託す」気持ちこそ、より良き社会、相互理解の第一歩ではないか。

この曲は、平野の演奏によってクロアチア国営放送にて録音され、クロアチア政府から皇室に献上されている。

こうして、クロアチアと深くかかわった平野真敏は、2011年、ザグレブ勲章を贈られ、クロアチアの音楽史にも名を刻むこととなった。

クロアチアで、日本人だと名乗ると、マサトシ・ヒラノを知っているだろう、と言われることがある。これからクロアチアを訪ねることがあって、もしも、そんなことばをかけられたら、この本のことを思い出してほしい。

ミレティッチ氏は90歳を超えてもなお元気に音楽活動を続け、平野が亡くなるほんの少し前にこの世を去った。

平野は、癌の末期と言われ、事実上の余命宣告をされた日から、気丈にも3年生きてくれた。愛する母親をひとりにはできないことと、ミレティッチ氏に自分の訃報を聞かせるわけにはいかないことが、人生終盤の彼を支えたように見えた。

今、ふたりは、きっとあの世で、なかよく音楽談議に耽《ふけ》っているのに違いない。

（黒川伊保子、付記）

解説——忘れられたロマンス

黒川伊保子

ある一夜のプログラムが残されている。

超人ピアニスト、F・リストのサロン・コンサート。そのトリは、リストとヘルマン・リッターによるピアノとヴィオラ・アルタのアンサンブルである。曲の名は、「忘れられたロマンス」。

私は、クラシック音楽にまったく素養がないのだが、この本を読んだ今となっては、タイムマシンに乗って、その晩の演奏を聴きに行きたい気分である。その後の、この楽器の数奇な運命を思えば、時の隆盛を誇る巨匠のサロン・コンサートのトリを担うという華やかな一瞬が、あまりにも切なく、あまりにも感動的なので。

この曲は、リストが、ヴィオラ・アルタの音色に惚れ込んで、この楽器のために書いたと言われる、美しい小曲である。

戦後の音楽史には、ピアノとヴィオラのための小曲、として残されている。その理由は、この本を読んでくださった読者の方には、いわずもがな、であろう。

忘れられたロマンス――ヴィオラ・アルタの「その後」を彷彿《ほうふつ》とさせるようなこの曲名の由来は、文字通り、30年余りも忘れられていたから。30代のリストがピアノ曲「ロマンス　ホ短調」を作曲するも、なぜか出版されないまま時が流れる。それを、老リストがヴィオラ・アルタのために書き換えて、この名がつけられたという。

その夜、リッターの腕に抱かれたヴィオラ・アルタ。平野が出逢った一丁が、それだというのは穿《うが》ち過ぎかもしれないが、その可能性はゼロじゃない。なにせ、リッターがプロデュースしたオリジナルのうちの一つなのだから。

２０１９年、平野と楽器のことをインターネットで知ったヘルマン・リッターの子孫が、直接、平野にメールをしてきて、多くの貴重な資料を寄贈してくれたという。その中には、たくさんの楽譜が入っていた。ヘルマン・リッターが所有していたヴィオラ・アルタのための楽譜である。

遠く極東の一演奏家に、この貴重な「歴史」が託されたということは、世界中のどこにも、オリジナルを超絶なまでの技法で再現できる演奏家がいないということなのだろう。平野真敏以外には。

午前6時、一目会いたくて

平野真敏とヴィオラ・アルタの物語を、楽器目線で見てみよう。

150年ほど前、その子は、ドイツ・ビュルツブルクで生まれた。名ヴィオラ奏者であり大学教授でもあったヘルマン・リッターの手によって、生み出されたのである。物理学的に完璧なフォルムをなし、音楽家が望む「すべての音」を出しうる楽器、究極の弦楽器として。

この子は、リストに愛され、ワーグナーに愛されて、サロンの華となった。

やがて、ドイツ帝国の代表的楽器となって、ヨーロッパに広められる。

平野真敏が、2011年、クロアチアでコンサートを行ったとき、この「幻の楽器」を求めて、多くの聴衆が集まった。

そのコンサートの翌朝6時に、平野は客人によって起こされる。「ヴィオラ・アルタに会わせてほしい」と言って、年配の男性が訪れたのだ。「なんて、懐かしい。この楽器がまだ生き残っていたなんて……。昨夜《ゆうべ》は嬉しくて眠れず、一目会いたくて、いてもたってもいられなくなった」と、目を赤くして、その方は、ヴィオラ・アルタにそっと触れたという。

この客人が幼かった第二次世界大戦前、ヴィオラ・アルタは人々を魅了して、ここまで愛されたのである。その〝証拠〟に出逢えて、本当によかった。平野も、そして、この楽器も。くだんのヴィオラ・アルタは、その客人の愛に触れ、どんなに嬉しかっただろう。平野に対して、どんなに誇らしく思っただろう。

なにせ、この子には、戦後60年にも及ぶ不遇の日々があったのだから。

ワーグナーにも重用されたヴィオラ・アルタは、第二次世界大戦の悪夢の中でも、きっとドイツの士気を高めるために使われたはずである。ドイツ国が滅びると同時に、この楽器も疎まれ、消されてしまった。

戦争が、美しい文化を一つ、踏みつぶしたのである。

しかし、太平洋戦争勃発の直前に、日本の楽器商（木下弦楽器）が、アメリカに弦楽器をグロスで（まとめ買いで）注文をする。そのグロス買いされた弦楽器のコンテナは、長く港に留め置かれ、戦後の混乱が収まったところで太平洋を渡った。その中に、なぜかこの一丁が紛れ込んで、破壊を免れるのである。

なぜ、この楽器が混じっていたのか、取り寄せた楽器商にもわからないという。運命の糸が引かれた瞬間——私には、そう思えてならない。この楽器に、まるで意思があるとしか……。

ヴィオラに魅せられて

1967年生まれの平野真敏は、ヴァイオリンに魅せられて育つ。

平野の生家は由緒ある旧家だったが、特に音楽に縁のある家ではなかった。ところが、その才能は隠しようがなく、福岡教育大学学長で九州交響楽団の指揮者も務められた安永武一郎氏に見出される。なんと、中学校のPTA役員だった平野の母が、PTAの講演を依頼しに安永邸を訪れた際、息子・真敏を同伴していたのがきっかけなのだという。

ヴァイオリン教室に向かう途中だったために、彼はヴァイオリンケースを抱えていた。それに目を留めた安永氏が「弾いてごらん」と声をかけると、臆《おく》せず、堂々と弾き始めた。それが、彼の道を決める。

やがて、福岡には納まりきれず、彼は15歳で故郷を後にした。親元を離れ、芸術高校から東京藝術大学へと進むのである。

そんなふうに、一途にヴァイオリンの道を目指していた彼が、ある日、ラジオから流れてきたヴィオラの音に魅せられて、恋をしてしまう。当時、日本では「伴奏楽器」としてしか認められていなかったヴィオラのソリストを目指すのである。

彼を育ててきた多くの人が反対し、その将来を案じた。

反対されればされるほど、彼の情熱は燃え上がる。恋と一緒である。

彼の〝恋路〟は困難を極めた。

無事に東京藝術大学に進学し、皇太子殿下（当時）のヴィオラ御指南も務めていた教授のもとに身を寄せるも、この教授は病に倒れ、彼が大学3年の2学期のときに大学を辞め、ほどなく、この世を去ってしまう。

恩師は、大学を去る前に平野を呼び出し、「日本では、ヴィオラに、ソロ楽器としての地位が確立されていない。このまま大学院に行ってもソリストとしての学究の道は難しい。海外へ出なさい」と説いたという。自分亡きあとの愛弟子が苦慮するのを案じたのである。

「この大学には、これからは、きみのような人が必要なのに。守ってやれずに無念だ」と肩を落とした恩師の姿が忘れられない、と平野は語った。

ところが、これが功を奏したのである。ヨーロッパに渡った平野は、水を得た魚のように、のびのびとその才能を発揮する。憧れのヴィオラ奏者に師事してかわいがられ、ヴィオラ・ゲゼルシャフト（ゲゼルシャフトは、ヨーロッパの技能者組合。一流技能者として認められると、ここと契約し、独り立ちする。細分化されたあらゆるゲゼルシャフトが存在する）に名を連ねた最初の日本人となった。

そして、巨匠ミレティッチ氏に、「（世界一難曲と言われる）このヴィオラ・コンチェルトを弾けるのは日本の平野真敏しかいない」と言わしめるまでに、ヴィオラ・ソリストとしての道を究めていく。

ヨーロッパでは数々の賞を手にし、後にクロアチア・ザグレブ市からは勲章を得ている。

皇室に献上された「ヴィオラの子守唄」

しかしながら、日本では、相変わらずヴィオラはソロ楽器としては難しい立場にあった。それでも平野は、30歳を機に日本に戻ってくる。一つは、この国を誰よりも愛していたから。父を早くに亡くした一人っ子で、母が一人ぼっちであることも、大きな理由だった。

彼は、帰国後、はじめて挫折を味わう。どんなに感動的な音を出しても、ヴィオラを独立の楽器として見てはいないこの国の人たちを大きく動かすことが、なかなかできない。

この国の皇太子（当時）がヴィオラを愛しているにもかかわらず。

その実情を知ったミレティッチ氏は、生まれたばかりの愛子さまと、その父である皇太子殿下に寄せて、ヴィオラの子守唄を作曲する。高名な元ヴィオラ奏者として、ヴィオラを愛するプリンスに、心からの敬愛を込めて。

父が子を思って奏でるのにふさわしい、包容力を感じさせる曲想。ヴィオラならではの、牧歌的な音の響きを活かした、優しくも雄々しい一曲である。題して、「ヴィオラのためのララバイ〜子守唄」。２００５年、その曲が、クロアチア政府から、皇室に献上されている。音源はもちろん、平野の演奏である。

運命の出逢い

ヴィオラの魅力を広く伝えたい……新旧二人のヴィオラ奏者の切なる願いは、しかしながら、なかなか実を結ばなかった。

そんなある日、平野は、高校生のときに一度目が合った、あの不思議な楽器と、もう一度、目が合うのである。

ヴィオラ奏者として充分に成熟し、ヴィオラをソロ楽器として世に知らしめるのに限界を感じ、突破口を探していたその日。彼とヴィオラ・アルタが出逢うのに、もっともふさわしいその日に。

ヴィオラ・アルタは待っていたのだろう。自分を手に取るのにふさわしい音楽家の出現を。高校生の彼と目を合わせたのに、その視線をそらしたのは、平野の時がまだ満ちていなかったからだ。

この本を、冒頭から読み進めて、今ここにいる読者の方は、「平野真敏の目線」で、この〝ふたり〟のロマンスを読んできたはず。けど、今一度、「ヴィオラ・アルタ目線」で味わってみてほしい。

ヴィオラ・アルタの魔法

あの出逢いの日、ヴィオラ・アルタに、第二のロマンスが始まったのである。

ヴィオラ・アルタ。

その子は、もしかすると、自分の意志でコンテナに紛れ込み、ひっそりと眠ったふりをしながら、平野真敏にヴィオラ奏者の人生を誘導させたのかもしれない。私には、どうしても、ヴィオラ・アルタが、彼を選んだように見えるのだ。

かくいう私も、この文章を読んでくださった読者の方も、ヴィオラ・アルタに操られているのかも。

ヴィオラ・アルタが、眠りたくないがために、私に、この文章を書かせているのかもしれない。この本が多くの人に読み継がれたら、ヴィオラ・アルタの存在が、もう一度人類に刻まれ、次の稀代の天才を待つ時間が作れるのだもの。

私たちは、音楽の魔法にからめとられている……だとしたら、うんと素敵だ。

生前、平野は、ヴィオラ・アルタの出自の謎を解いたのち、ヴィオラ・アルタの音の不思議な魅力の秘密を探るべく、精力的に取材を重ねていた。

薩摩《さつま》琵琶《びわ》奏者の友吉鶴心《ともよしかくしん》氏に取材させていただいた際には、楽器の構造と音の深さについて、薩摩琵琶とヴィオラ・アルタの共通点を見出したと、母に報告している。

また、「ヴィオラ・アルタは心臓に悪い」という噂があることについて、昭和大学江東豊洲病院・循環器内科の丹野郁《かおる》教授に取材し、それが根も葉もない噂に過ぎないことを確認している。

これらの取材内容については、平野の文章として残っていないので、この本に載せることは叶わなかったが、ヴィオラ・アルタの後世の研究者のために、ここに記しておきたい。

お二人の先生への、心からの感謝とともに。

また、河出書房新社の太田美穂氏には、この本の出版に当たって、たいへん情熱的なご支援をいただいた。音楽家・平野真敏の人生が詰まったこの一冊を、こうして出版できることになったのは、太田氏のおかげ。この場を借りて、深く御礼申し上げます。

そして、平野真敏を生み育て、その濃密な人生のすべてを見守った、音楽の神に選ばれし母、平野輝子さんにこの一冊を捧げたいと思います。


再び、眠りについた、幻の極上弦楽器。

この地球上に、そんな魅惑的な物語が一つ、まだ完結せずに、存在しているのである。

クラシック音楽ファンのみならず、人類の一員として見逃せないロマンスである。

これが、再び、忘れられたロマンスにならないことを心から祈念して、筆をおこうと思う。


いつの日か、再び動き出したヴィオラ・アルタ物語の下で、読者の皆さまと再会できることを楽しみにしています。

それまで、どうかいい人生を！

† 本書は二〇一三年一月、『幻の楽器 ヴィオラ・アルタ物語』として集英社新書より刊行されました。単行本化にあたり、著者の遺稿と黒川伊保子氏による序文と解説を収録しました。

平野真敏（ひらの・まさとし）
一九六七年、福岡県生まれ。ヴィオラ・アルタ奏者。東京藝術大学音楽学部器楽科およびドイツのデトモルト音楽院ドルトムント校卒業。二〇一一年、クロアチア共和国ザグレブ市より同国の音楽文化を広めた功績によって、市民表彰を受ける。
二〇二〇年、逝去。

幻の弦楽器
ヴィオラ・アルタを追い求めて

二〇二一年六月二〇日　初版印刷
二〇二一年六月三〇日　初版発行

著者　平野真敏
発行者　小野寺優
発行所　株式会社河出書房新社
〒一五一－〇〇五一
東京都渋谷区千駄ヶ谷二－三二－二
電話　〇三－三四〇四－一二〇一（営業）
〇三－三四〇四－八六一一（編集）
https://www.kawade.co.jp/
組版　株式会社キャップス
印刷　モリモト印刷株式会社
製本　大口製本印刷株式会社

Printed in Japan　ISBN978-4-309-02966-5
落丁本・乱丁本はお取り替えいたします。